Mysore Sandal Soap

ONKAR Manjeet हल्दी का मसाला

Celebrating 100 Years

Only Soap with Pure Sandalwood Oil

MDH

HOT CURRY Indian Spice
CRAFT HOUSE
Desi Gourmet

AGMARK

Rajdhani® BESAN
Gram Flour
GRADE - 1

Special Chandan Batti Sandalwood Incense 100 Grams
MADE IN INDIA
Incense sticks net content
M.R.P. Rs. 35/- Incl. of all
GULABSINGH JOHRI
10A Bariba Kalan, Delhi
C.C. TEL: 011-23271...

ONKAR MANJEET'S
क्रिस्टल पिसा
काला नमक
शुद्धता व विश्वास का संगम

CB064497

The photograph shown on ... contained in the pack

ÍNDIA
SABORES E SENSAÇÕES

ÍNDIA
SABORES E SENSAÇÕES

ZECA CAMARGO com VARUNESH TULI

Uma viagem que explora as receitas vegetarianas do país

COMPANHIA DE MESA

Copyright © 2018 by Zeca Camargo e Varunesh Tuli

Companhia de Mesa é um selo da Editora Schwarcz S.A.

Grafia atualizada segundo o Acordo Ortográfico da Língua Portuguesa de 1990, que entrou em vigor no Brasil em 2009.

CAPA E PROJETO GRÁFICO Alceu Chiesorin Nunes
FOTOS DE CAPA Bruno Geraldi (acima, abaixo e à esquerda), Zeca Camargo (ao centro e à esquerda) e Shutterstock (ao centro e à direita, abaixo e à direita)
PREPARAÇÃO Mariana Delfini
ÍNDICE REMISSIVO Probo Poletti
REVISÃO Márcia Moura e Isabel Cury

Dados Internacionais de Catalogação na Publicação (CIP)
(Câmara Brasileira do Livro, SP, Brasil)

Camargo, Zeca
    Índia : sabores e sensações : uma viagem que explora as receitas vegetarianas do país / Zeca Camargo, Varunesh Tuli. — 1ª ed. — São Paulo : Companhia de Mesa, 2018.

    ISBN 978-85-92754-10-5

    1. Culinária indiana 2. Culinária vegana – Índia 3. Culinária vegetariana – Índia 4. Receitas (Culinária) I. Tuli, Varunesh. II. Título.

18-16933   CDD-641.56360954

Índice para catálogo sistemático:
1. Culinária indiana : Receitas vegetarianas e veganas
    641.56360954

Cibele Maria Dias – Bibliotecária – CRB-8/9427

[2018]
Todos os direitos desta edição reservados à
EDITORA SCHWARCZ S.A.
Rua Bandeira Paulista, 702, cj. 32
04532-002 — São Paulo — SP
Telefone: (11) 3707-3500
www.companhiadasletras.com.br
instagram.com/companhiademesa

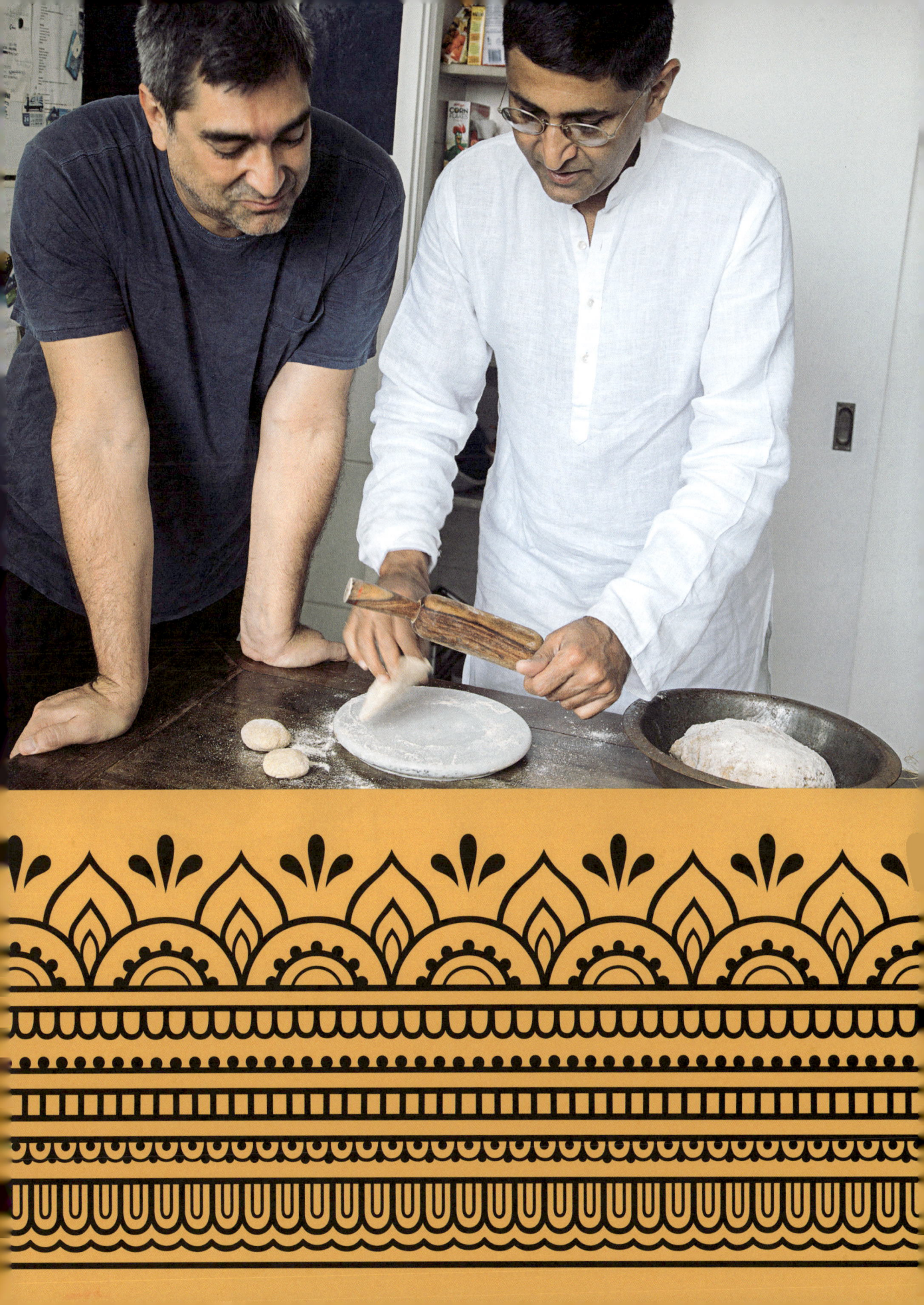

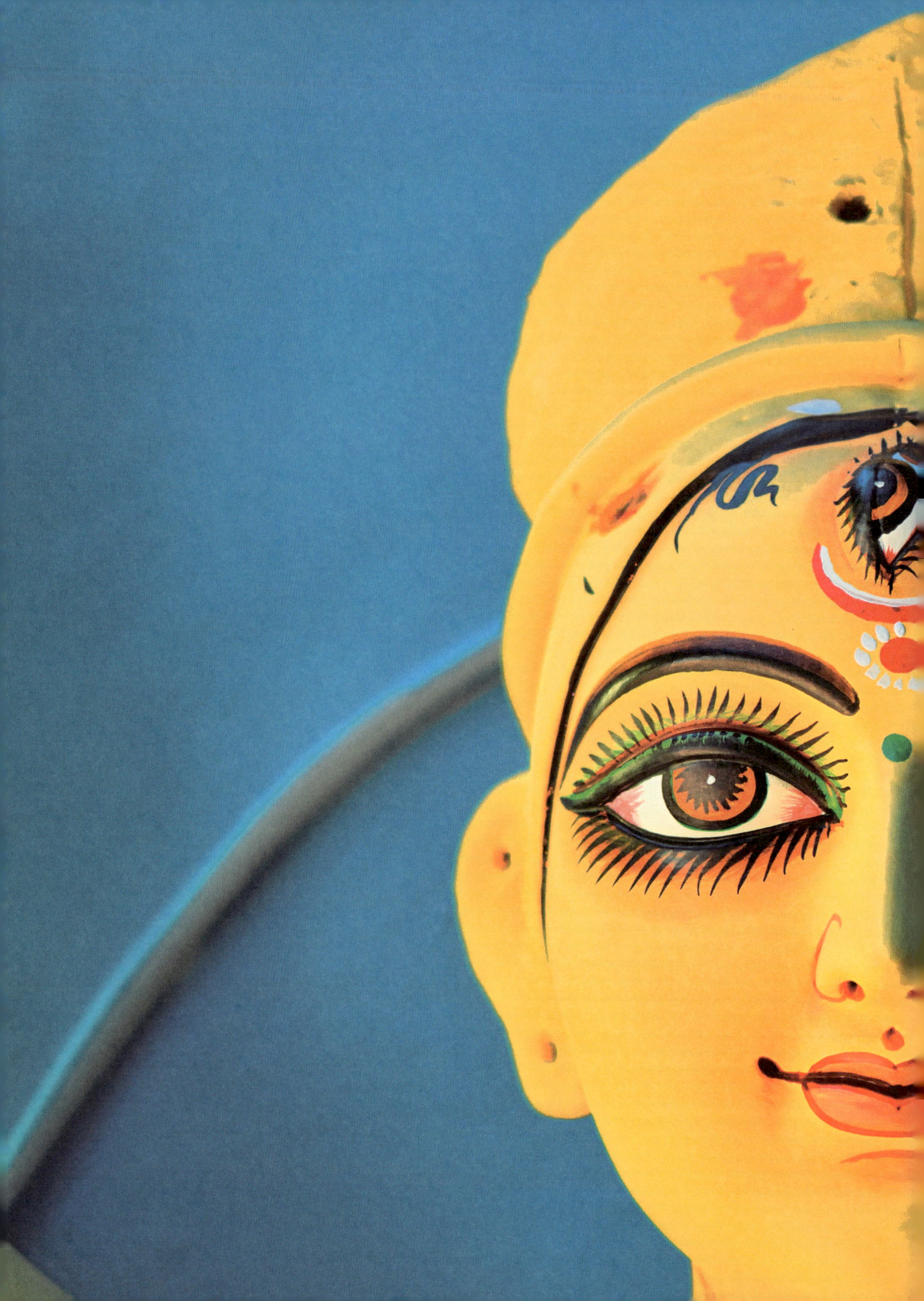

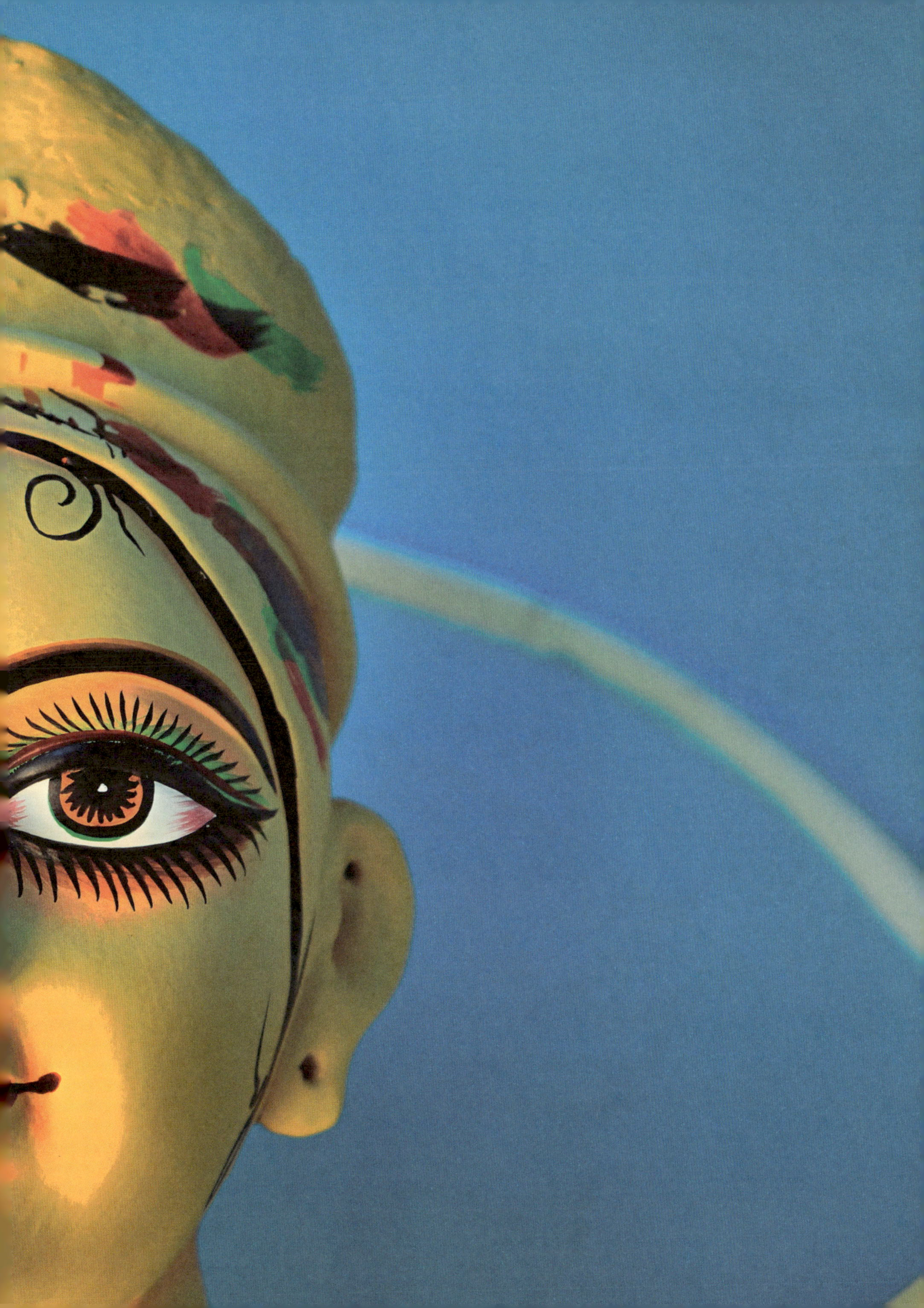

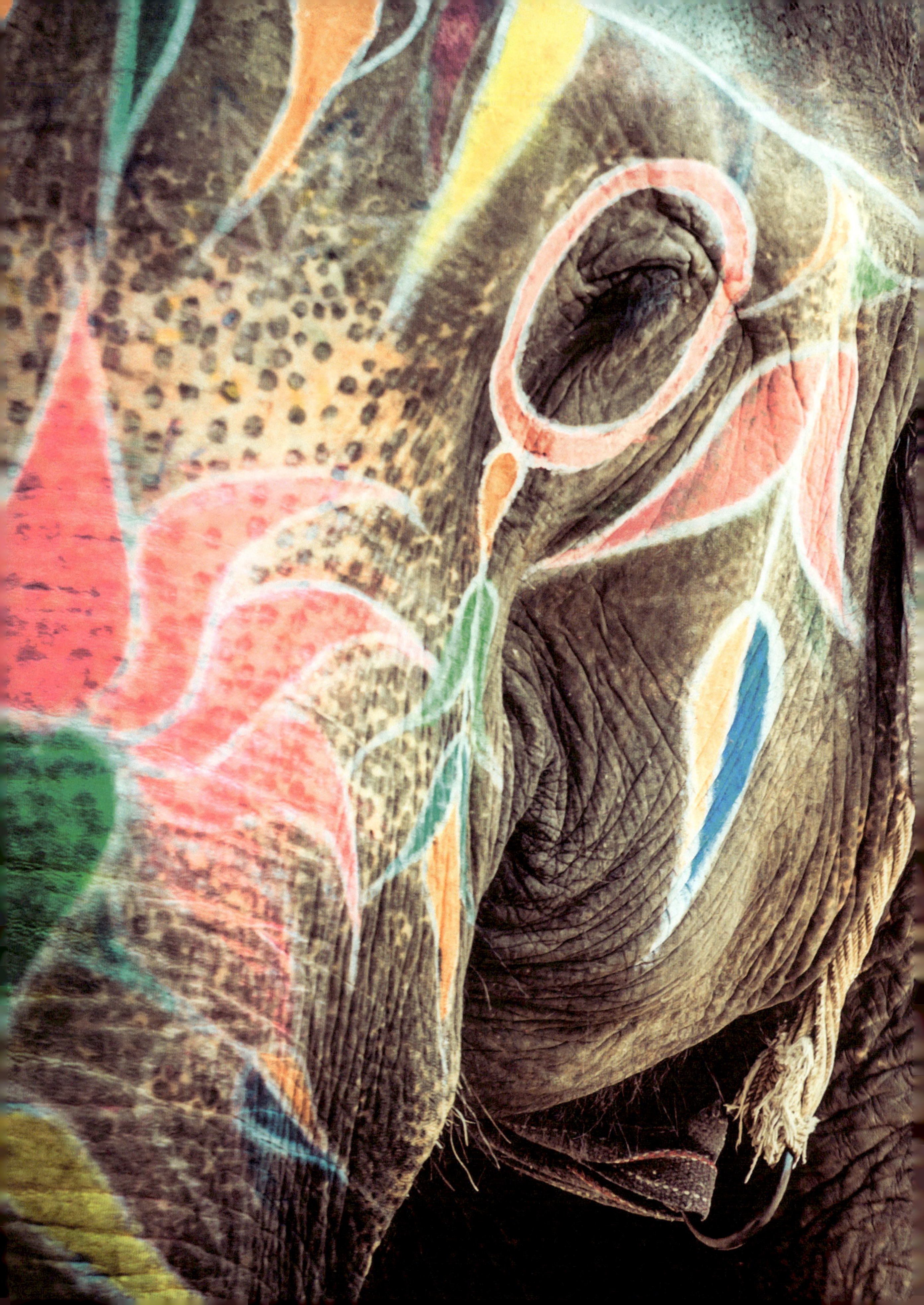

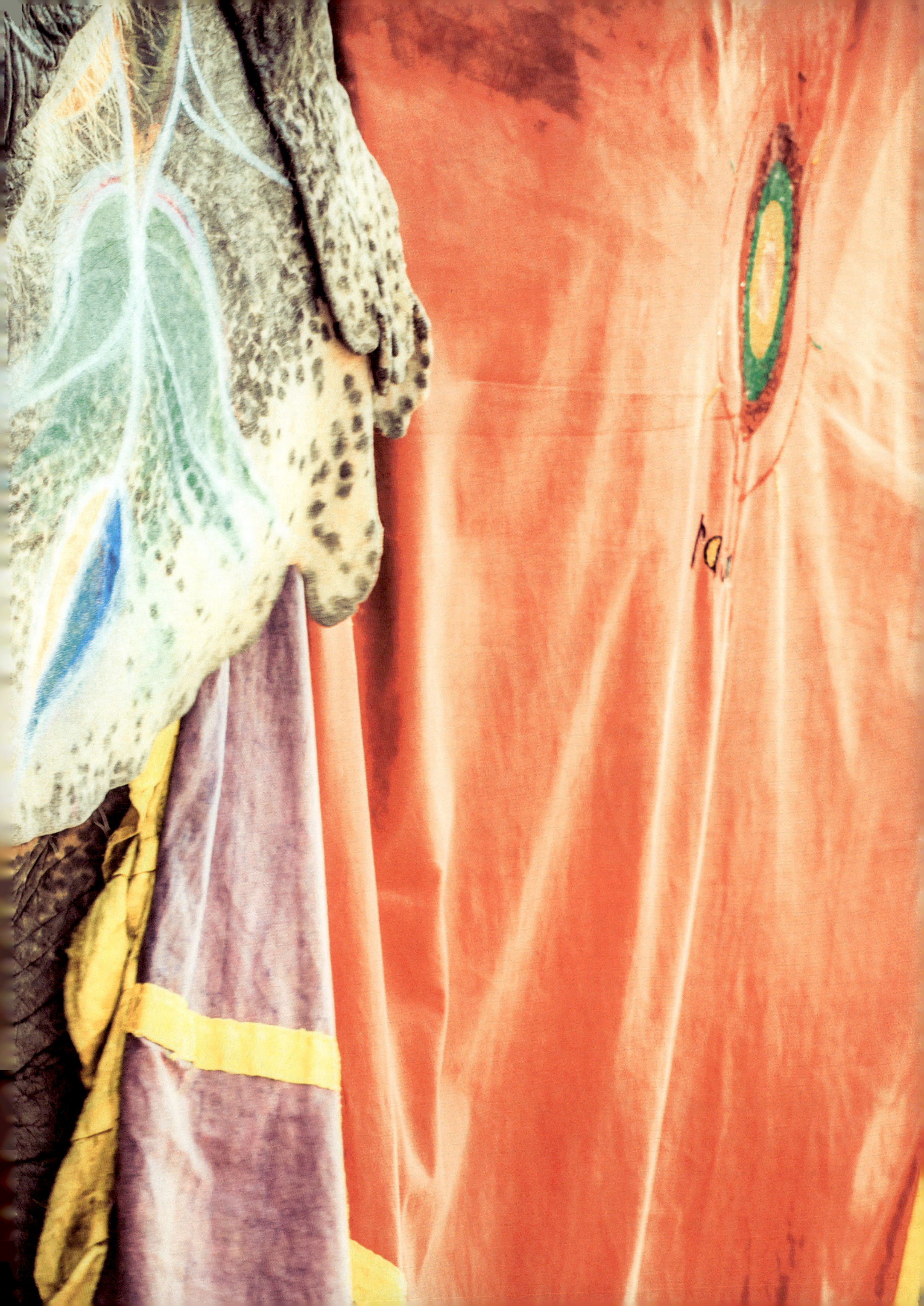

MOKSH
Swarna Gulab
Swarna Kasturi
Tricycle
SOUTHERN STAR
Bhakti
MOKSH
Swarna Champa
Divya 100
SUGANDA SUPARI

ULLAS
ULLAS
ULLAS
Bansuri
Bansuri
MAX
Suganda
Suganda
Suganda
Suganda
Rose

SUMÁRIO

Introdução 14
    PALAK PANEER. Espinafre com ricota 19

Mercado de temperos 20
    PANEER BHURJEE. Ricota mexida 23
    DAAL. Sopa de lentilha 25
    SUUKHEE DAAL. Lentilha seca 27
    CHOLE PUNJABI. Grão-de-bico à moda punjabi 29
    BASMATI. Arroz basmati 31

FRITURAS 33
    Mandala de frituras 34
    MALAI KOFTA. Croquetes de ricota em creme de leite 37
    Muzaffarnagar 40
    PAKODA 43
    Pani puri no Ganges 46

COZIDOS 49
    Templo sikh — Guru ka Langar 50
    ALOO BAINGAN. Berinjela com batata 53
    ALOO SABZI. Curry de batata 55
    Curry × pimenta 56

OVOS 59
    ANDAA BHURJEE. Ovos mexidos com especiarias 61
    Galeria das pimentas 62
    ANDAA MASALA. Ovos cozidos em creme de leite 65

VERDURAS E LEGUMES 67
    Frutas e legumes 68
    KURKURA KARELA. Nigauri crocante 71
    BHARVAN KARELA. Nigauri recheado 73
    BHARVAN BAINGAN. Berinjela recheada 75
    ARBI MUGLAI. Colocásia muglai 77
    BHINDI PYAAZ. Quiabo refogado com cebola 79
    Snack Corner 80
    BHARVNI BHINDI. Quiabo recheado 83

PÃES 85
    Fim de tarde em Mumbai 86
    ROTI 89
    Kebab 90
    NAAN 93
    PARATHA 95

MOLHOS 99
    PUDINA DHANIA CHUTNEY. Chutney de hortelã e coentro 101
    KHEERA RAITA. Iogurte com pepino ralado 103
    Fantasia no Cantinho da Vovó 104
    KELA MOQUECA. Moqueca indiana de banana-da-terra 107

BEBIDAS 109
    Caju 110
    Refresco fatal 111
    LASSI. Bebida de iogurte batido 113
    Cardamomo 114
    CHAI. Chá com especiarias 117
    Biscoito em Rishikesh 118
    Paan 119

MENUS 121
    Refrigerantes 130
    INGREDIENTES BÁSICOS 132
    Fazenda de temperos 134
    TEMPEROS 136
    MOLHOS E OUTROS PRODUTOS PARA COMPRAR 138
    CHÁS E MAIS 140
    UTENSÍLIOS 142
    Saudades 144

CRÉDITOS DAS IMAGENS 146
ÍNDICE REMISSIVO 148

INTRODUÇÃO

VACA NA RUA

É dos mais adoráveis clichês: turistas disparando cliques de seus smartphones, encantados com a presença de uma vaca no meio da rua. Não estou desdenhando essa reação só porque já visitei a Índia um bom punhado de vezes — eu mesmo achei esquisitíssimo quando conferi isso pela primeira vez, e até hoje não deixo de notar o lento passeio do bicho pelas ruas movimentadas, quase indiferente ao ritmo frenético de tudo que está à sua volta. Mas, ainda mais bizarro que esse desinteresse do animal é o das próprias pessoas que circulam entre eles: têm de contornar as vacas (que aparentemente circulam sem dono) com um casual desconforto num trânsito que já seria caótico sem elas, vez ou outra desabafando num tom mais forte sua frustração por ter de driblá-las, mas sem nunca desrespeitá-las. Sim, elas são sagradas para os hindus — que são generosos e atribuem dons divinos a vários animais. Sim, elas são parte do cotidiano, circulando por todos os lados.

Quanto mais viajo pela Índia — e quanto mais experimento as delícias de sua culinária tão variada —, mais percebo que a carne de vaca pode ser tranquilamente esquecida por um bom tempo. Por isso montamos um livro vegetariano, com algumas receitas que são, inclusive, veganas (sinalizadas com um 🟢). Na nossa cultura, acabamos esquecendo que a apreciação de uma culinária não passa apenas pelos ingredientes principais, mas por todo o método de preparo e sua tradição. Nada mais justo, então, que seguir as tradições milenares em um livro que reflita outras realidades e nos incentive a experimentar novos hábitos.

Eram mais ou menos três horas da manhã. Eu estava tentando mandar um material pela internet na frágil conexão — ligeiramente melhor na madrugada — que Nova Delhi me oferecia. Eu estava hospedado na casa do Tuli, um grande amigo casado com uma parceira de dança de anos, a Sossô, que descobriu comigo, décadas atrás, a beleza e o poder das escolas clássicas indianas (que hoje ganham o mundo pelos filmes de Bollywood). Sossô, especialmente depois que se casou com Tuli, nos anos 90, aprofundou-se ainda mais nesses estudos e na cultura indiana — enquanto eu optei por cultivar, ainda que de maneira distante, minha paixão pela Índia através dos caminhos da literatura, das viagens e dos sabores dessa culinária tão especial.

Enfim, numa noite quente (qual não é em Nova Delhi?), levantei-me em silêncio, para não acordar ninguém. Mas aí, antes de reconhecer o vulto que se aproximava de mim, escutei uma voz grave falando inglês com o típico sotaque indiano: *"You must eat something"* — "Você tem que comer alguma coisa". Era a mãe do Tuli, Indra, que logo me confessou ser insone. Longe de ser um incômodo, cozinhar àquela hora era um prazer para ela — o melhor passatempo que podia ter. Não precisei nem responder: quando vi, ela já estava na cozinha, e minha preocupação então era que ela acordasse as outras pessoas da casa com o barulho das panelas batendo.

Mas seu marido — e o próprio filho, que cresceu ali — já devia estar acostumado com aquela movimentação noturna, então continuei minhas tarefas, com os aromas da cozinha penetrando sutilmente no escritório — e bem de longe eu ouvia sua voz, ininterrupta, misturando o inglês com trechos inteiros em hindi, que eu não tinha a menor esperança de compreender. Cheguei a pensar que o ato de preparar alguma coisa para mim seria, na verdade, uma desculpa para que ela pudesse conversar comigo, mas no fundo o que ela queria era conversar consigo mesma. Eu era apenas um adereço — mas um adereço que, àquela altura, já tinha o apetite desperto. Minutos depois havia na minha frente um punhado de potinhos — aloo, daal, raita, ovos cremosos... Mais do que eu imaginava conseguir comer de dia, que dirá no meio da noite. Não podia fazer a desfeita de recusar, enquanto o monólogo sobre a vida de pessoas que eu não tinha ideia de quem eram desafiava o relógio.

Ao longo dos anos descobri que essa insistência em alimentar o próximo era algo que meu amigo Tuli havia herdado dela. Nos diversos jantares que frequentei em sua casa ou que pedi que fizesse na minha, havia sempre uma abundância de pratos — algo que, todos parecem concordar, faz parte da tradição indiana. Tuli mora no Brasil há muito tempo e, por ser exigente em relação aos sabores indianos, aprendeu a cozinhar com sua mãe para que sempre pudesse ter comida indiana — a verdadeira! — em terras tupiniquins. O bom disso é que ele sabe os segredos de trazer a Índia para o Brasil, quais ingredientes temos em comum e quais adaptações são necessárias. Assim, tão natural e talvez inesperadamente como a mãe de Tuli fazia os pratos no meio da noite, este livro surgiu.

NOVA COZINHA

Numa terra com tanta tradição culinária — e uma tradição tão caseira —, é possível inovar? Fiz essa pergunta em minhas viagens pela Índia ao longo dos anos. Descobri respostas em restaurantes de grandes chefs, como o Varq, no Taj Mahal Hotel, em Nova Delhi. Ou no Indian Accent — também na capital indiana. Ou ainda no Masala Kraft, do Taj Mahal Palace de Mumbai...

Nenhuma cozinha é tão sagrada que não permita novas misturas, ainda mais em tempos globalizados, em que as culinárias acabam viajando e se misturando a partir de influências, heranças e descobertas. Ainda que timidamente, uma nova gastronomia está se desenvolvendo aos poucos nas grandes cidades indianas, em especial nos restaurantes dos grandes hotéis, permitindo experimentarmos uma quesadilla de frango tikka ou um kebab de queijo com picles de pimenta, mas tornando mais difícil a vida de turistas em busca de pratos clássicos ou do "sabor original".

O que fui descobrindo aos poucos é que aquilo que queremos chamar de "típico" é mais fácil de encontrar nas casas, preparado por cozinheiros que são responsáveis todos os dias pela alimentação da família.

मोहनी पियो..
खुल के जियो!!

मोहनी

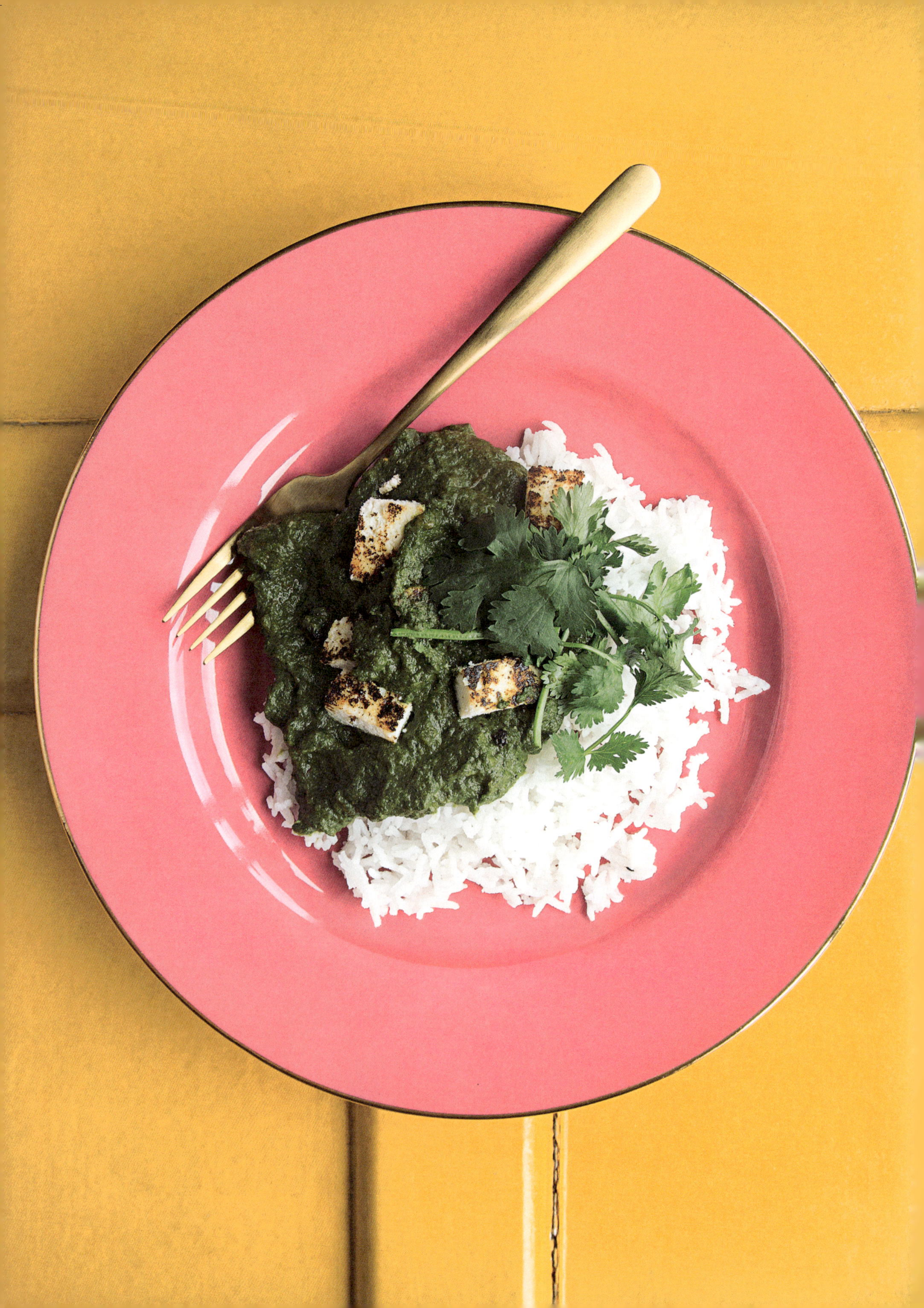

Palak paneer. पालक पनीर
Espinafre com ricota

Além de visualmente delicioso, este prato proporciona uma nova maneira de experimentar o espinafre. Paneer é um tipo de queijo fresco encontrado com facilidade na Índia. Por aqui, a ricota firme o substitui bem. Dica: a textura do espinafre ao final da receita deve remeter a um creme, por isso é importante controlar a quantidade de água adicionada na hora de bater o espinafre no liquidificador: quanto mais água, mais tempo vai demorar para chegar à textura cremosa desejada. Bom para ser servido com pães (p. 85), como roti, paratha e naan; com arroz basmati (p. 31) e chutney de manga; ou com salada de rabanete com limão.

Tempo de preparo: 2 horas | Serve 4 pessoas

PARA O ESPINAFRE CREMOSO:
1 maço de espinafre
½ xícara (chá)/ 120 ml de óleo vegetal
1 colher (sopa)/ 15 g de gengibre ralado
2 dentes de alho ralados
1 colher (chá)/ 4 g de pimenta-do-reino em grãos
2 colheres (chá)/ 6 g de sementes de cominho
8 unidades/ ½ colher (chá) de cravos-da-índia
2 unidades/ 150 g de cebolas médias bem picadas
1 colher (chá)/ 4 g de pimenta-do-reino moída
1 unidade/ 200 g de tomate grande bem picado
2 colheres (chá)/ 4 g de cúrcuma em pó
½ colher (chá)/ 0,5 g de coentro em grãos
pimenta vermelha em pó (tipo kashmiri) a gosto
1 colher (sopa)/ 6 g de garam masala
1 xícara (chá)/ 240 ml de leite integral
2 colheres (chá)/ 12 g de sal refinado

PARA A RICOTA DOURADA:
2 xícaras (chá)/ 600 g de ricota fresca
óleo para fritar

PREPARO DO ESPINAFRE:
1. Lave as folhas e coloque-as no copo do liquidificador. Adicione meia xícara de água e bata, formando um purê espesso. Se necessário, acrescente mais água, apenas o suficiente para processar as folhas do espinafre, tomando cuidado para não umedecer demais.
2. Em uma panela funda, aqueça o óleo em fogo médio. Junte o gengibre e o alho e frite, mexendo sempre, até dourar levemente.
3. Salpique os grãos de pimenta, o cominho e os cravos. Misture bem, adicione as cebolas e aumente o fogo.
4. Acrescente a pimenta moída e siga mexendo por cerca de 10 minutos, até dourar.
5. Adicione o tomate, a cúrcuma, o coentro, a pimenta vermelha em pó e o garam masala. Refogue, mexendo de vez em quando, até obter uma cor dourado-escura. Cuidado para não deixar queimar.
6. Despeje o espinafre e mexa bem. Adicione o leite e cozinhe em fogo médio por cerca de 20 minutos, com a panela tampada, até que a textura fique cremosa, e a cor, verde-escura intensa. Acrescente o sal no final.

PREPARO DA RICOTA:
1. Corte a ricota em cubos médios.
2. Aqueça um pouco de óleo em uma frigideira e doure os cubos de ricota.
3. Transfira os cubos dourados para a panela em que está cozinhando o molho de espinafre. Misture cuidadosamente para que os cubos não desmanchem, tampe a panela e cozinhe em fogo baixo por 60 minutos. Nesse período, a ricota vai absorver o sabor do molho. Ajuste o sal antes de servir.

MERCADO de TEMPEROS

Algumas daquelas lojas devem estar lá há décadas — e talvez não seja exagero dizer séculos! As pessoas por trás dos balcões, mesmo as mais jovens, também parecem existir ali desde sempre. Assim como os cheiros que imediatamente inundam suas narinas logo que você começa a subir a alameda dos temperos em Nova Delhi — ou, ainda, na Velha Delhi: a parte mais antiga da cidade, com ruas tão estreitas e labirínticas que você pode sempre contar com um engarrafamento de riquixás para acrescentar algo à confusão cotidiana. Parece haver uma espécie de nuvem no ar, mas nunca é possível ter certeza sobre o que os olhos de fato veem naquela luz sempre indireta, que se refrata em cada pedaço de vidro das construções antigas, ou se é apenas imaginação, como se o olfato intuitivamente construísse uma bruma para justificar aquela sobreposição de aromas. Os sacos de pano nos balcões são gigantes, sempre abertos e transbordando — e é impossível não se perguntar se algum dia eles foram esvaziados até o fundo. O mais provável é que, depois de umas camadas de grãos e pós — cardamomos, cúrcumas, pistaches, mostardas, pápricas, pimentas, nozes e amêndoas —, o resto esteja apenas se acumulando lá, ano após ano, criando um concentrado de sabor que paladar humano nenhum jamais será capaz de provar. Mas que seria, como dá para imaginar, a síntese de todos os gostos que você sempre quis experimentar.

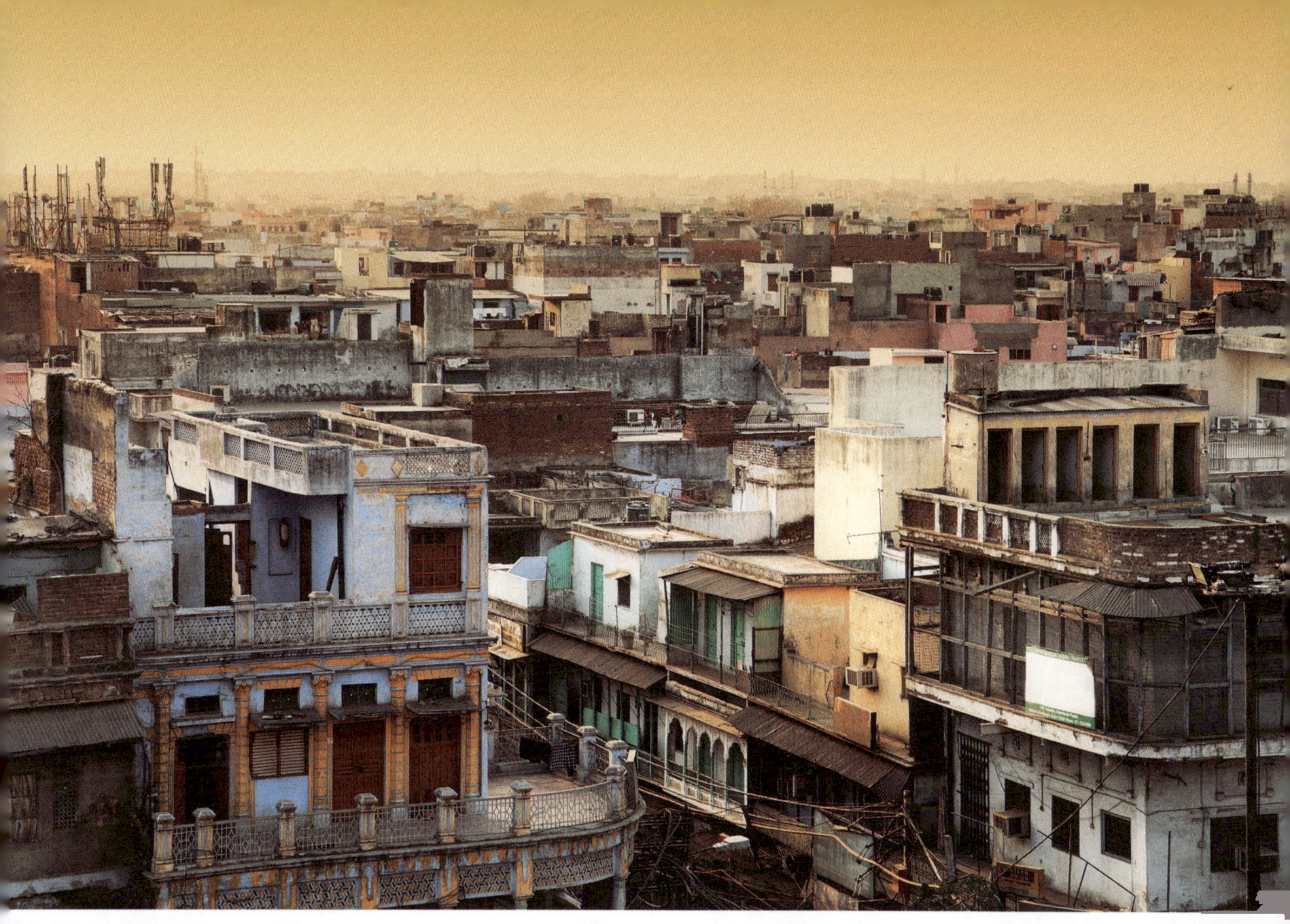

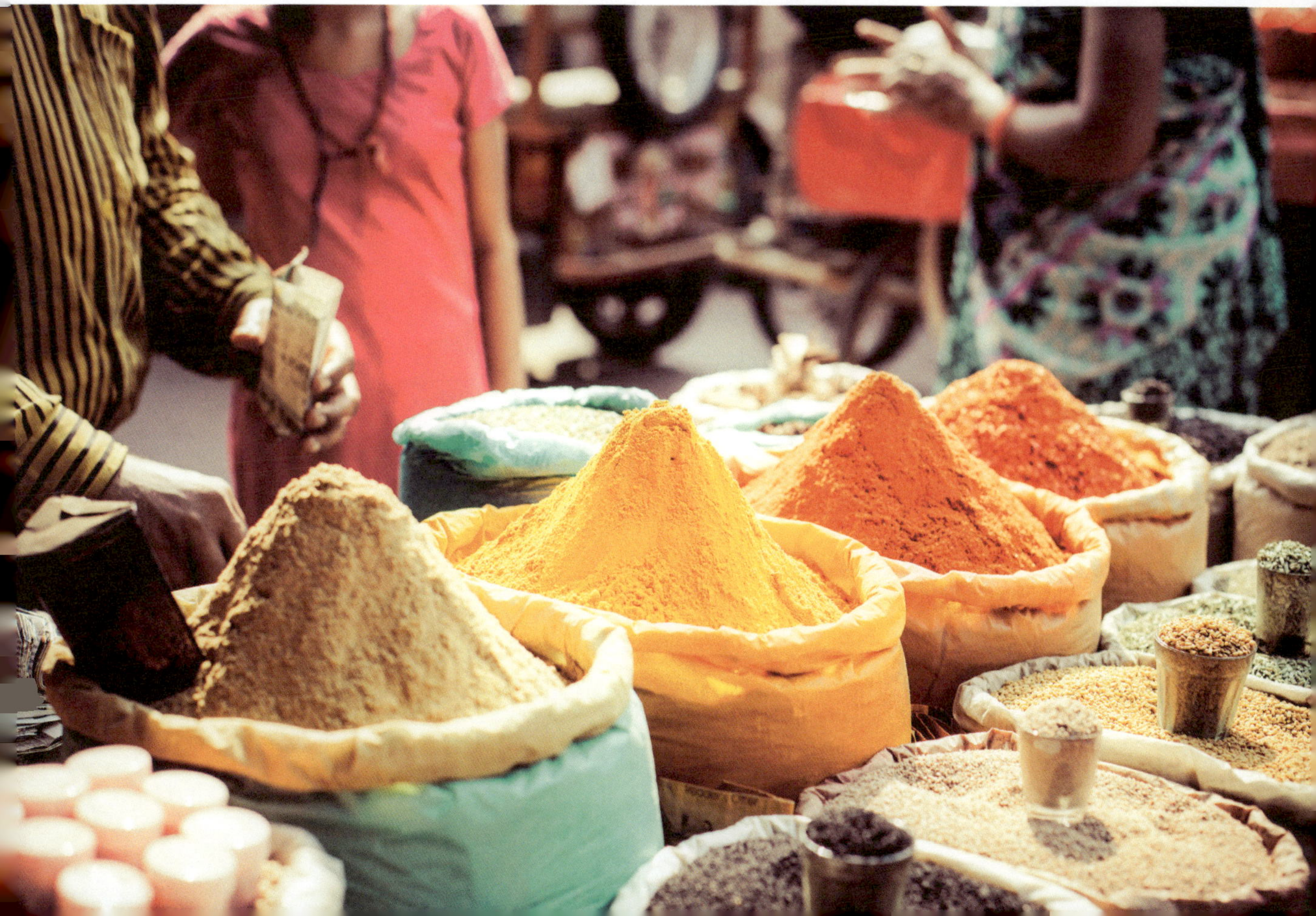

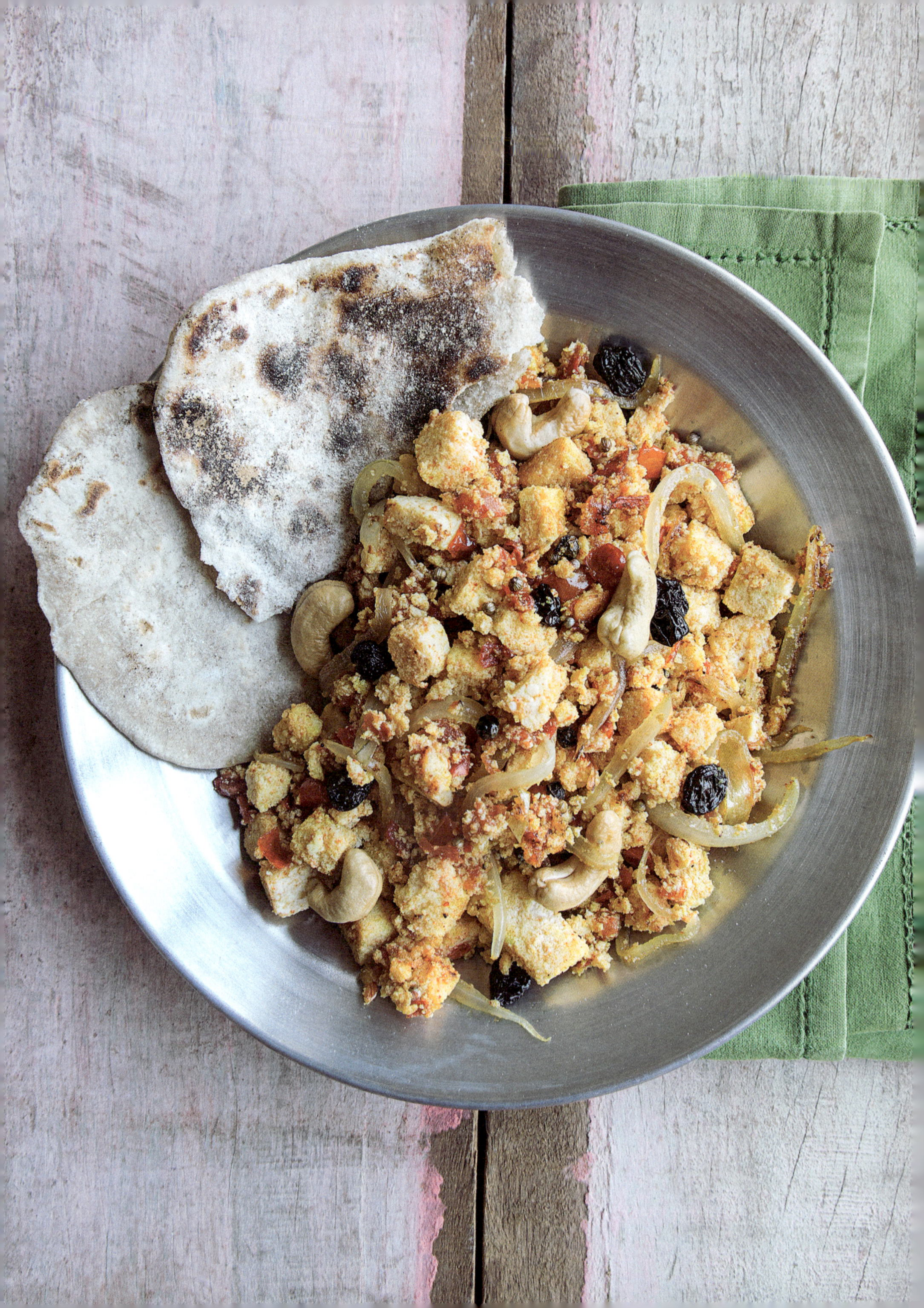

Paneer bhurjee. पनीर भुर्जी
Ricota mexida

Uma ótima maneira de degustar a festa de temperos que compõem a culinária indiana — perfeitamente absorvidos pela ricota. Este prato pode ser servido na versão aqui descrita ou com ervilhas verdes, adicionando ¾ de xícara (chá)/ 100 g de ervilhas frescas no final do cozimento. Nas duas versões, se desejar um resultado cremoso, tampe a panela ao longo do cozimento. Caso queira uma textura mais seca, mantenha-a destampada. Sirva com os pães (p. 85), como roti, paratha ou naan; com daal (p. 25); com chutney de manga e pimenta ou salada de cebola com limão.

Tempo de preparo: 90 minutos | Serve 4 pessoas

3 xícaras (chá)/ 600 g de ricota firme
4 unidades/ 300 g de cebolas médias
4 unidades/ 700 g de tomates grandes
1 ½ colher (sopa)/ 20 g de gengibre ralado
4 dentes de alho ralados
4 cardamomos verdes
8 unidades/ ½ colher (chá) de cravos-da-índia
½ xícara (chá)/ 120 ml de óleo vegetal
pimenta vermelha em pó (tipo kashmiri) a gosto
1 colher (chá)/ 4 g de pimenta-do-reino em grãos

1 colher (chá)/ 4 g de pimenta-do-reino moída
2 colheres (chá)/ 4 g de cúrcuma em pó
2 colheres (chá)/ 2 g de coentro em grãos
3 colheres (chá)/ 9 g de sementes de cominho
1 colher (sopa)/ 6 g de garam masala
¾ xícara (chá)/ 180 ml de leite integral
2 colheres (chá)/ 10 ml de mel
½ xícara (chá)/ 70 g de uvas-passas
½ xícara (chá)/ 50 g de castanhas-de-caju
2 colheres (chá)/ 12 g de sal refinado

1. Pique a ricota em cubos médios. Descasque as cebolas e as fatie em tiras. Corte os tomates em pedaços pequenos.
2. Rale o gengibre e o alho. Moa os cardamomos e os cravos-da-índia.
3. Em uma panela rasa, aqueça o óleo em temperatura alta. Quando estiver quente, acrescente todos os ingredientes à panela.
4. Reduza a fogo médio e cozinhe mexendo regularmente por 60 minutos, ou até toda a mistura adquirir um tom dourado.
5. Prove o sal antes de servir, ajustando se for necessário.

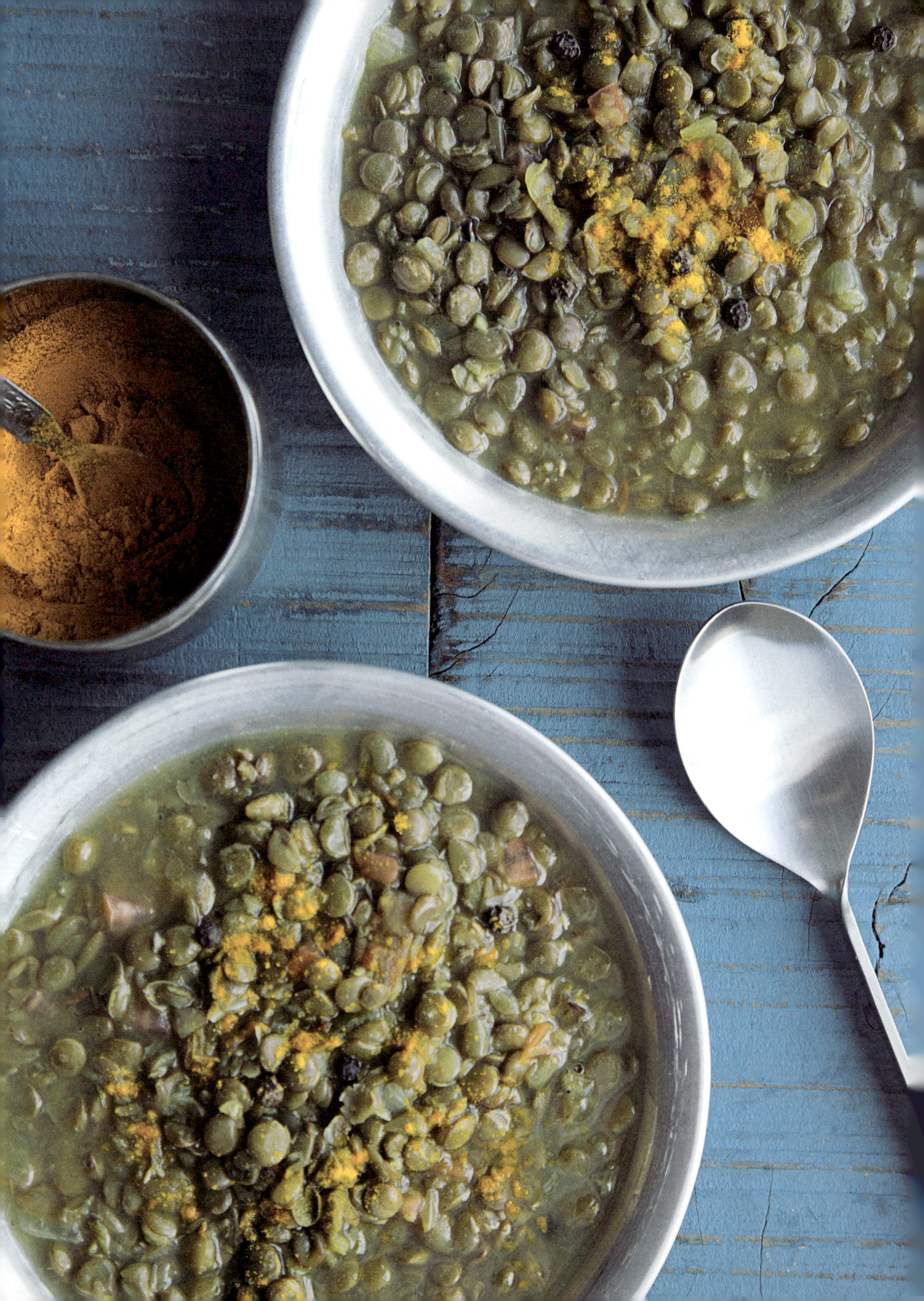

Daal. दाल
Sopa de lentilha

Cada família tem sua receita especial de daal, que acompanha muitas refeições. Quanto maior o tempo de cozimento, mais os temperos apuram e melhor fica. No interior da Índia, as famílias cozinham a lentilha durante toda a noite em fogo baixo, a lenha. Por ser uma receita mais demorada, vale a pena dobrar as quantidades e fazer mais para congelar. Pode ser servida com pães (p. 85), como roti, paratha, naan; com arroz basmati (p. 31); com salada de cebola crua e cebolinha com limão; com iogurte e chutney de manga e pimenta ou com chutney de hortelã (p. 101) e papads (pães finos feitos de farinha de lentilha, que podem ser fritos ou assados para ficarem crocantes). Os indianos gostam de adicionar um bocado de manteiga no daal, que geralmente é acompanhado de vegetais cozidos.

Tempo de preparo: 130 minutos | Tempo de descanso: 8 horas | Serve 4 pessoas

- 1 ¼ xícara (chá)/ 250 g de lentilha seca
- 1 unidade/ 100 g de cebola grande
- 1 unidade/ 200 g de tomate grande
- 2 dentes de alho
- 2 colheres (sopa)/ 20 g de gengibre
- ½ xícara (chá)/ 120 ml de óleo vegetal
- pimenta vermelha em pó (tipo kashmiri) a gosto
- 1 colher (chá)/ 4 g de pimenta-do-reino em grãos
- 1 colher (chá)/ 4 g de pimenta-do-reino moída
- 2 colheres (chá)/ 4 g de cúrcuma em pó
- 2 colheres (chá)/ 2 g de coentro em grãos
- 3 colheres (chá)/ 9 g de sementes de cominho
- 1 colher (sopa)/ 6 g de garam masala
- 8 unidades/ ½ colher (chá) de cravos-da-índia
- 3 colheres (chá)/ 15 g de sal refinado

1. Na noite anterior, coloque a lentilha de molho em água.
2. Para o preparo, pique a cebola, o tomate, o alho e o gengibre em pedaços pequenos.
3. Escorra a lentilha e a acomode em uma panela grande. Adicione o restante dos ingredientes e cubra com bastante água (a proporção ideal em relação à lentilha é de três para um).
4. Cozinhe em fogo médio-baixo por 120 minutos, ou até adquirir a textura desejada. O daal pode ser servido mais líquido, como uma sopa, ou mais espesso, como o caldo de feijão brasileiro.
5. Ajuste o sal antes de servir.

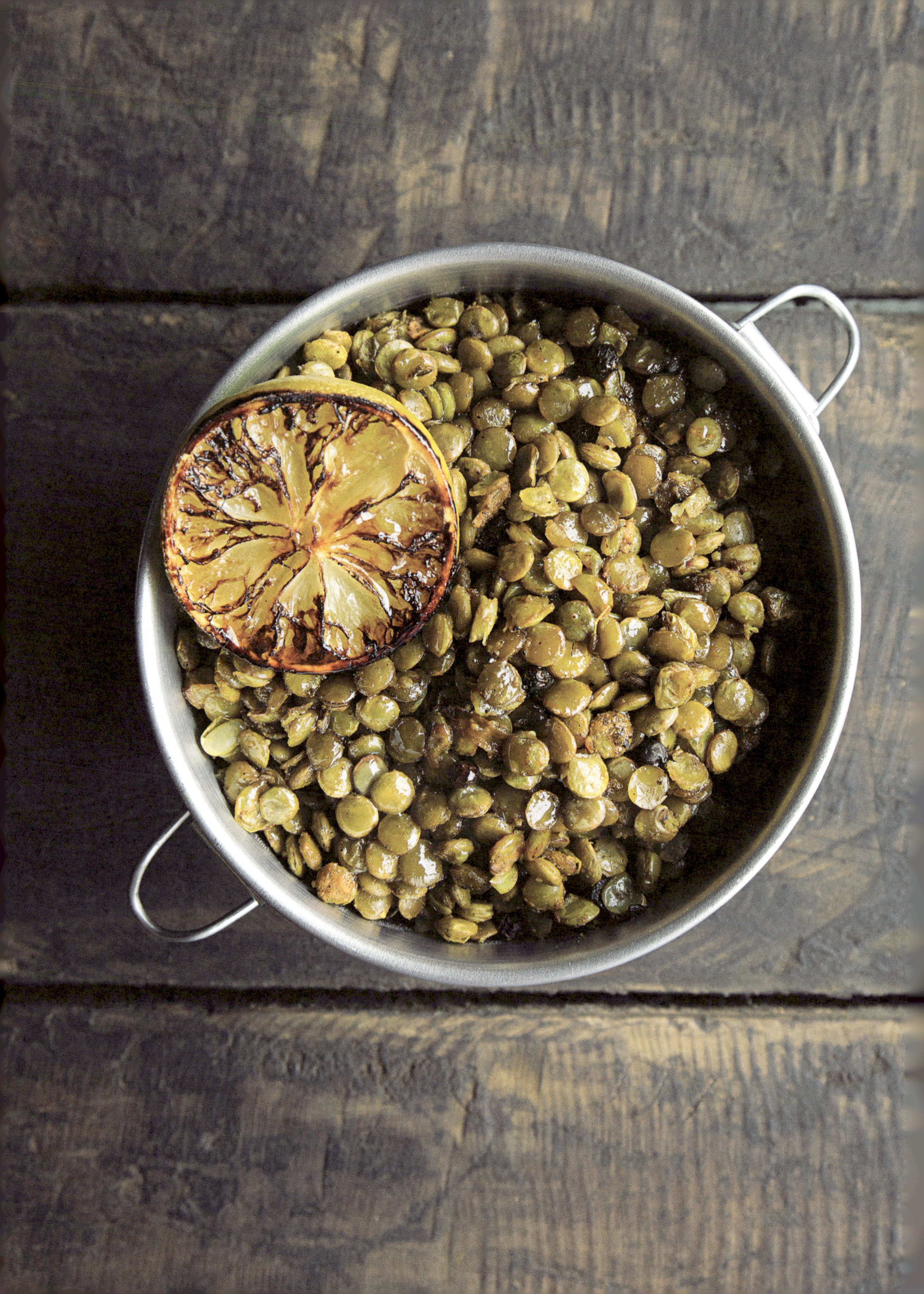

Suukhee daal. सूखी दाल
Lentilha seca

Este é um refogado de lentilha e especiarias que ganha um toque especial ao ser cozido com rodelas de limão. Um pouco úmido, pode ser acompanhado de pães (p. 85), salada de cebola com limão, chutney de manga e pimenta ou chutney de hortelã e coentro (p. 101).

Tempo de preparo: 45 minutos | Tempo de descanso: 8 horas | Serve 4 pessoas

1 ¼ xícara (chá)/ 250 g de lentilha seca
1 unidade/ 200 g de cebola grande
2 dentes de alho
⅔ xícara (chá)/ 160 ml de óleo vegetal
pimenta vermelha em pó (tipo kashmiri) a gosto
1 colher (chá)/ 4 g de pimenta-do-reino em grãos
1 colher (chá)/ 4 g de pimenta-do-reino moída
2 colheres (chá)/ 4 g de cúrcuma em pó
3 colheres (chá)/ 9 g de sementes de cominho
1 colher (sopa)/ 6 g de garam masala
8 unidades/ ½ colher (chá) de cravos-da-índia
1 limão
1 ½ colher (sopa)/ 20 g de gengibre ralado
1 colher (chá)/ 6 g de sal refinado

1. Na noite anterior ao preparo, coloque a lentilha de molho em água. Na manhã seguinte, escorra e reserve.
2. Pique a cebola em fatias finas e o alho em pedaços pequenos.
3. Aqueça o óleo em uma frigideira em fogo médio. Adicione a cebola e o alho e frite até dourar.
4. Despeje os temperos secos (pimentas, cúrcuma, cominho, garam masala, cravos e sal) e mexa por 2 minutos.
5. Acrescente à lentilha na panela e misture. Corte o limão em rodelas e acomode-as sobre a lentilha. Tampe e cozinhe em fogo baixo por cerca de 25 minutos, ou até a lentilha ficar macia.
6. Desligue o fogo, misture o gengibre cru e deixe descansar tampado por 3 minutos. Prove o sal antes de servir, ajustando se for necessário, e decore com mais gengibre, se preferir.

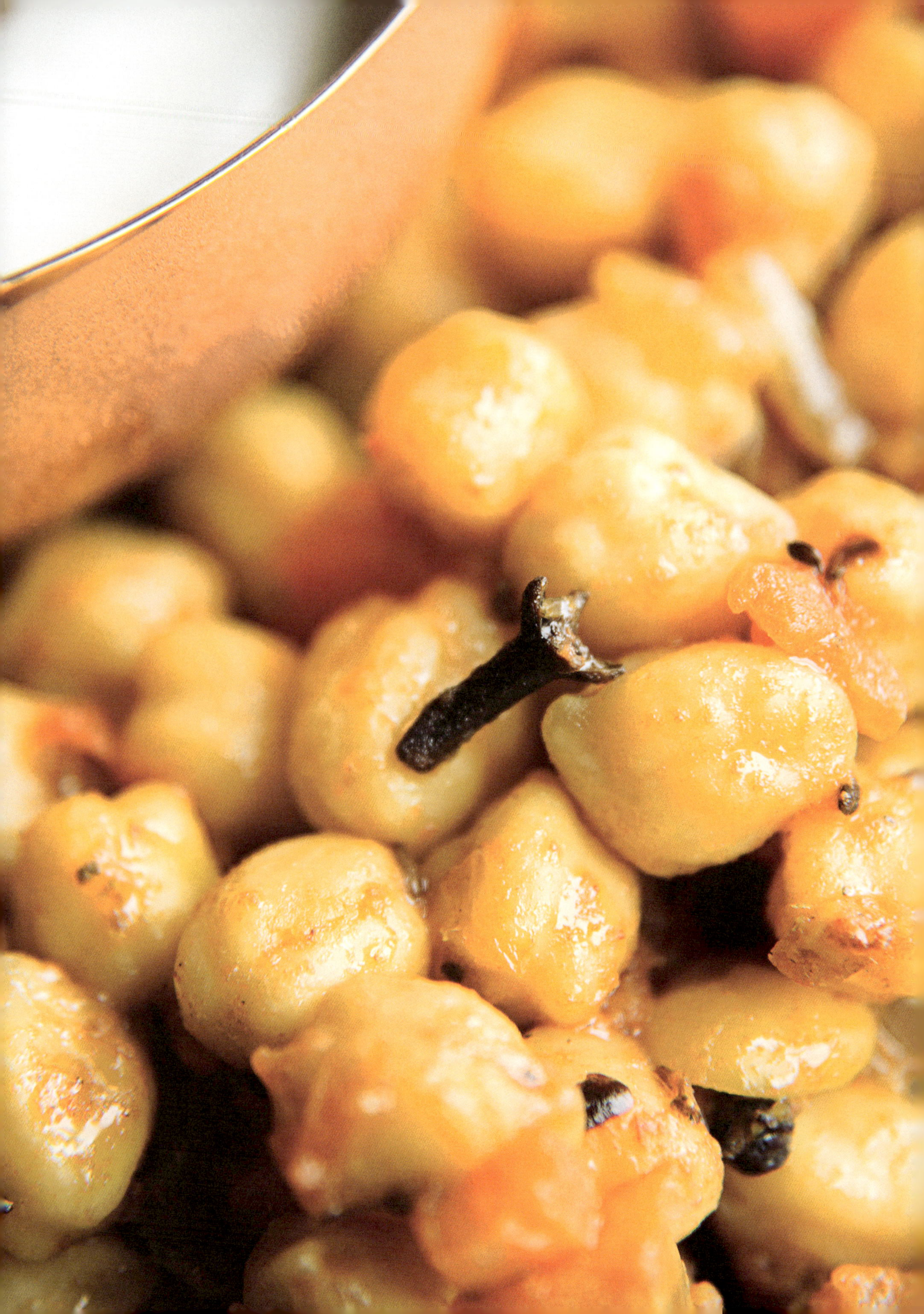

Chole punjabi. छोले पंजाबी
Grão-de-bico à moda punjabi

Receita popular em festas e reuniões, está sempre nas mesas indianas. Como o nome revela, é um estilo típico da região do Punjab. É servido com pães diversos (p. 85); arroz basmati (p. 31); salada de cebola crua e limão; iogurte com pasta de tamarindo; chutney de manga e pimenta ou chutney de hortelã (p. 101).

Tempo de preparo: 70 minutos | Tempo de descanso: 8 horas | Serve 4 pessoas

1 ¼ xícara (sopa)/ 250 g de grão-de-bico
½ xícara (chá)/ 120 ml de óleo vegetal
2 dentes de alho ralados
2 colheres (sopa)/ 30 g de gengibre picado
8 unidades/ ½ colher (chá) de cravos-da-índia
1 colher (chá)/ 4 g de pimenta-do-reino em grãos
2 colheres (chá)/ 2 g de coentro em grãos
3 colheres (chá)/ 9 g de sementes de cominho
2 unidades/ 400 g de cebolas grandes

2 unidades/ 400 g de tomates grandes
pimenta vermelha em pó (tipo kashmiri) a gosto
1 colher (chá)/ 4 g de pimenta-do-reino moída
2 colheres (chá)/ 4 g de cúrcuma em pó
1 colher (sopa)/ 6 g de garam masala
2 colheres (chá)/ 12 g de sal refinado
4 colheres (sopa)/ 20 g de folhas de coentro picadas
½ unidade/ 100 g de cebola em cubos para finalização

1. Na noite anterior ao preparo, coloque o grão-de-bico de molho em água. No dia seguinte, troque a água e cozinhe em panela de pressão por 10 minutos, ou até que os grãos fiquem macios. Reserve.
2. Em uma panela, aqueça o óleo em fogo médio. Frite o alho e o gengibre até dourar (com cuidado para não queimar).
3. Acrescente o cravo, a pimenta e o coentro em grãos e as sementes de cominho. Mexa por 2 minutos.
4. Pique as cebolas em cubos e leve à panela. Frite com os temperos até dourar bem, sem queimar. Isso vai deixar a receita mais leve e com sabores intensos.
5. Corte os tomates em cubos, adicione à panela e misture bem.
6. Acrescente as pimentas em pó, a cúrcuma, o garam masala e o sal. Cozinhe por 5 minutos, mexendo de vez em quando.
7. Adicione o grão-de-bico, sem a água do cozimento. Cozinhe por 30 minutos em fogo baixo, para que os grãos absorvam os temperos e o molho apure. Caso prefira o prato mais úmido, tampe a panela. Se quiser mais seco e crocante, mantenha-a destampada.
8. Desligue o fogo, ajuste o sal e, na hora de servir, adicione ½ cebola cortada em cubos pequenos e as folhas de coentro.

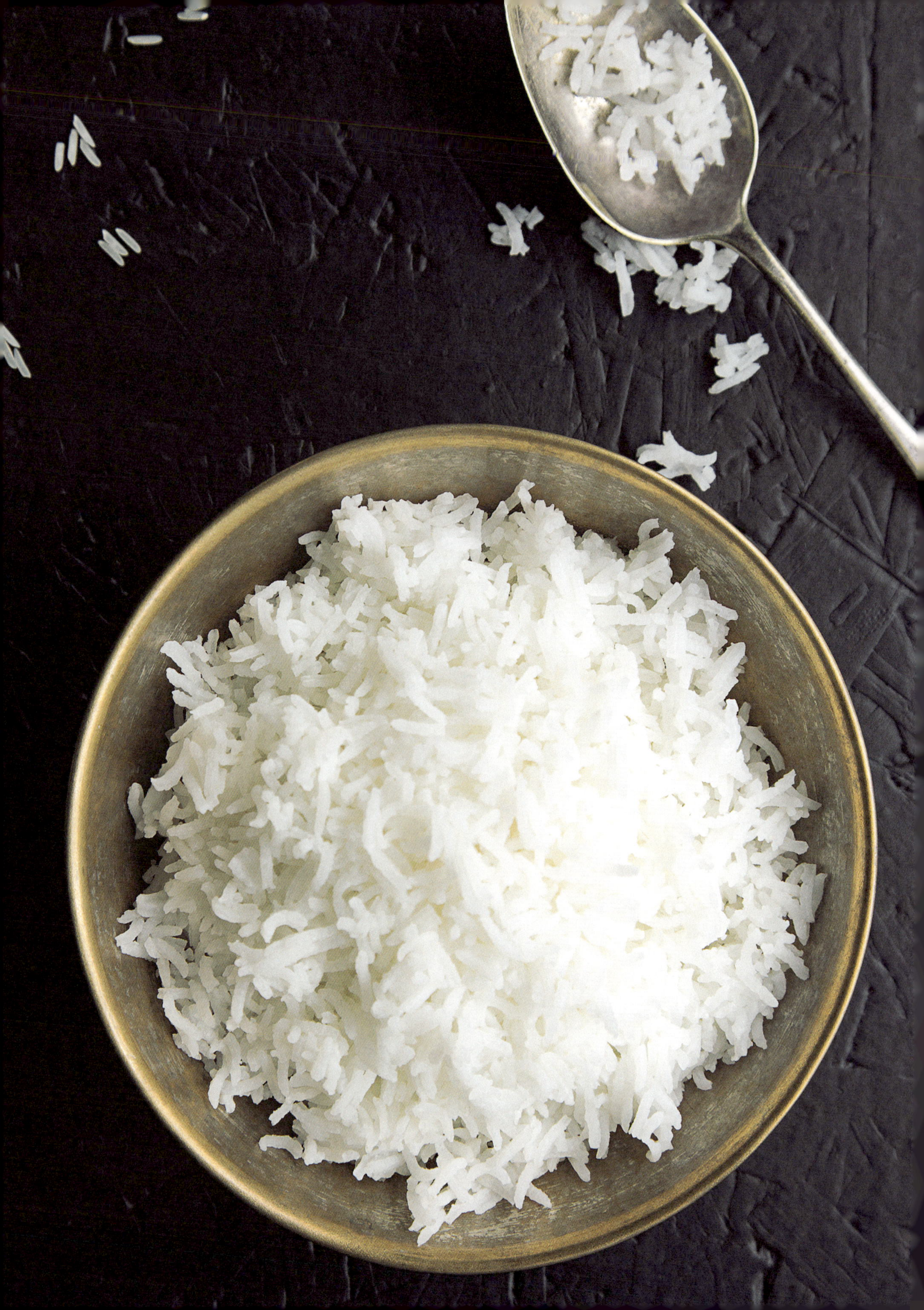

Basmati. बासमती
Arroz basmati

O arroz basmati que acompanha as refeições indianas não deve ser salgado — seu sabor neutro suaviza a ardência e a intensidade dos temperos dos outros preparos. É possível encontrá-lo na seção de arroz do supermercado — hoje em dia a maioria das marcas nacionais também oferece a opção dessa variação do grão — ou próximo a produtos importados orientais. Se não conseguir, pode substituí-lo por arroz jasmim (ou thai), de grão longo e semelhante.

Tempo de preparo: 15 minutos | Serve 4 pessoas

1 ½ xícara (chá)/ 280 g de arroz basmati
3 xícaras (chá)/ 750 ml de água

1. Lave o arroz em água corrente.
2. Coloque em uma panela com a água e leve ao fogo médio.
3. Cozinhe sem tampar por 15 minutos ou até o arroz absorver toda a água e ficar macio.

FRITURAS
तेल में तला

MANDALA DE FRITURAS

No meio da estrada, em algum lugar entre Rishikesh e Haridwar, Tuli diz que precisa me apresentar um lugar especial. Estamos numa região de alta espiritualidade — o Ganges passa por ali, e Haridwar, em particular, é um importante polo de peregrinação. O que ele tinha em mente, porém, não estava relacionado a fé — a não ser que você acredite no poder de uma boa comida salvar a alma... Paramos num lugar sem charme algum, um bar de estrada que não ficaria muito deslocado em nenhum canto do interior do Brasil. Logo na entrada, uma visão que a essa altura já tinha se tornado comum para mim: um homem e um garoto sentados em frente a uma enorme panela sobre um fogareiro, mexendo um líquido pastoso, que só pelo cheiro a gente tinha uma pista se ele iria se tornar um quitute doce ou salgado. No caso, o aroma era adocicado — o que não combinava muito com a cor meio esverdeada. Ao lado, outra panela continha uma delícia já finalizada, puxada mais para o laranja — e minha curiosidade estava mais que provocada então. Mas logo descubro que estamos lá não para comer esses doces, mas para experimentar as samosas "mais deliciosas" de toda a Índia — palavras de Tuli! Para quem não conhece, samosas são como o pão de queijo da Índia, de tão populares. Seu preparo é mais trabalhoso do que o do pão de queijo, então, hoje em dia, os indianos fazem como Tuli e eu naquele dia: comem na rua, de preferência num local com fama de "o melhor da Índia".

Ali, olhando em volta, a afirmação parecia ainda mais improvável... Uma das panelas do local é tão grande que nem é possível enchê-la totalmente. No entanto, no meio dela, uma piscina borbulhante faz massas disformes virarem samosas, pakodas, tikkis, jalebis. Pessoas certamente viajam como nós e chegam atraídas primeiro pelo cheiro do que está crepitando no óleo quente, depois pela verdadeira fome despertada pelo espetáculo visual, olfativo e até sonoro do que é, no fim do dia, uma simples barraca de comida de rua. Os quitutes saem fervendo e secam ali mesmo, nas bordas da imensa panela redonda, fazendo desse utensílio prático uma colorida mandala de frituras. Em poucos minutos, o líquido viscoso que era quase uma lagoa plácida — sua superfície apenas agitada (mas não ainda borbulhante) refletindo o entorno — transforma aquele recipiente numa caldeira borbulhante. E, à medida que as delícias vão ficando prontas, o cozinheiro habilidoso as puxa para os cantos, enfeitando o contorno da larga aba de metal. Entre delícias que você procura associar a algo comestível que você já experimentou em algum lugar, ao menos uma delas chama a atenção: algo que se parece com um tostex — duas fatias de pão com recheio (o único componente verdadeiramente identificável é uma grossa camada de queijo bem no meio) cobertas por uma fina película de massa... frita!

Quando finalmente provei a samosa, todas as possibilidades de que Tuli estivesse exagerando foram afastadas. A massa era um equilíbrio perfeito entre o úmido e o crocante — e o recheio de batatas era quase uma espuma. Só precisei fazer um gesto para o menino que estava atendendo entender que eu queria mais uma. E para pedir uma terceira eu só precisei lançar-lhe um olhar...

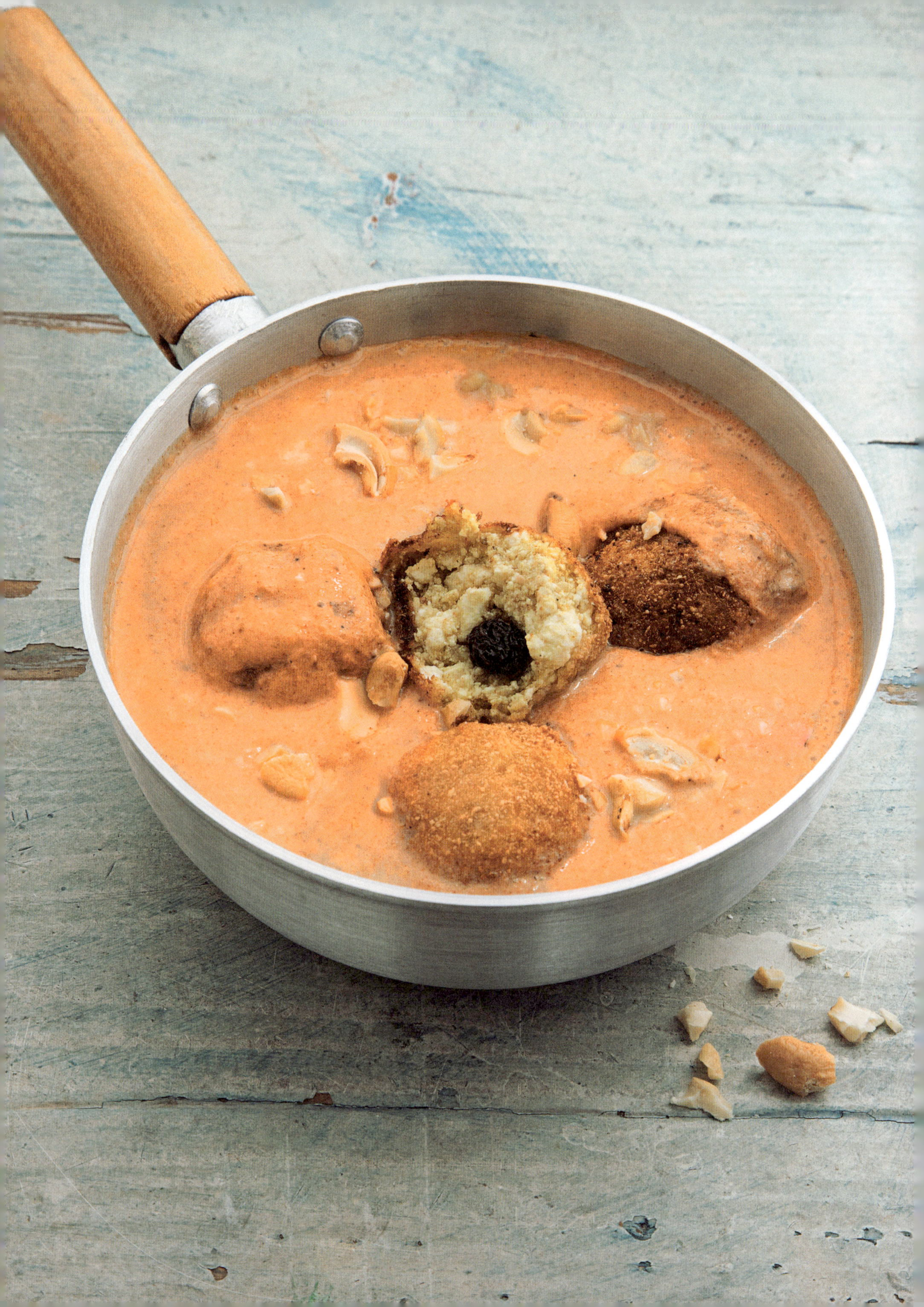

Malai kofta. मलाई कोफ्ता
Croquetes de ricota em creme de leite

Malai é um laticínio típico indiano, que aqui substituímos por ricota. O contraste da crocância dos croquetes com a cremosidade do molho faz desta umas das receitas vegetarianas preferidas nos restaurantes indianos. Os croquetes devem ser macios, mas mantendo seu formato. Deixando-os cobertos com molho, o sabor de especiarias se intensifica e a crosta da fritura fica mais úmida. Pode ser servido com pães (p. 85), como roti, paratha ou naan, e com arroz pulao.

Tempo de preparo: 70 minutos | Rende de 8 a 10 unidades | Serve 4 pessoas

PARA OS CROQUETES:
3 unidades/ 300 g de batatas pequenas
2 xícaras (chá)/ 400 g de ricota firme
½ colher (chá)/ 2 g de pimenta-do-reino moída
½ colher (chá)/ 1 g de coentro em pó
½ colher (chá)/ 1 g de cominho em pó
½ colher (chá)/ 1 g de cúrcuma em pó
½ colher (chá)/ 3 g de sal refinado
½ xícara (chá)/ 70 g de uvas-passas
1 ovo médio
farinha de rosca para empanar
óleo vegetal para fritar

PREPARO DOS CROQUETES:
1. Lave as batatas, coloque-as em uma panela e cubra com água. Leve ao fogo alto.
2. Cozinhe as batatas na água fervente até que fiquem macias, podendo ser espetadas facilmente com garfo.
3. Descasque as batatas já cozidas. À mão ou em um processador, misture as batatas com a ricota, formando uma massa homogênea.
4. Adicione os temperos e forme croquetes médios, amassando com as mãos. Dentro de cada um, adicione 2 ou 3 uvas-passas.
5. Empane os croquetes, passando cada um em ovo batido e em seguida em farinha de rosca.
6. Aqueça o óleo em uma panela e frite os croquetes aos poucos, até dourarem. Escorra-os em papel-toalha por 1 minuto e sirva com o molho.

PARA O MOLHO:
4 unidades/ 800 g de cebolas grandes
2 colheres (chá)/ 10 g de gengibre ralado
1 dente de alho
3 unidades/ 600 g de tomates grandes
4 cardamomos verdes descascados

8 unidades/ ½ colher (chá) de cravos-da-índia
¾ xícara (chá)/ 180 ml de óleo de cozinha
pimenta vermelha em pó (tipo kashmiri) a gosto
1 colher (chá)/ 4 g de pimenta-do-reino moída
2 colheres (chá)/ 4 g de coentro em pó
3 colheres (chá)/ 6 g de cominho em pó
2 colheres (chá)/ 4 g de cúrcuma em pó
½ colher (sopa)/ 3 g de garam masala
1 colher (chá)/ 6 g de sal refinado
1 xícara (chá)/ 240 ml de creme de leite
2 colheres (chá)/ 10 ml de mel
½ xícara (chá)/ 50 g de castanhas-de-caju
½ colher (chá)/ 2 g de pistilos de açafrão (opcional)

PREPARO DO MOLHO:

1. Pique as cebolas, o gengibre, o alho e os tomates.
2. Coloque os ingredientes picados no liquidificador e adicione as sementes de cardamomo e os cravos-da-índia. Bata até obter uma pasta homogênea.
3. Em uma panela, aqueça o óleo e despeje a pasta batida. Frite até dourar, com cuidado para não queimar, e inclua as pimentas em pó, o coentro, o cominho, a cúrcuma, o garam masala e o sal.
4. Adicione o creme de leite e o mel e cozinhe em fogo médio até dourar levemente.
5. Em um recipiente para servir, despeje uma camada de molho, acomode os croquetes e cubra com o restante do molho. Pique as castanhas-de-caju e salpique-as sobre os croquetes. Salpique também os pistilos de açafrão, caso use. Sirva imediatamente.

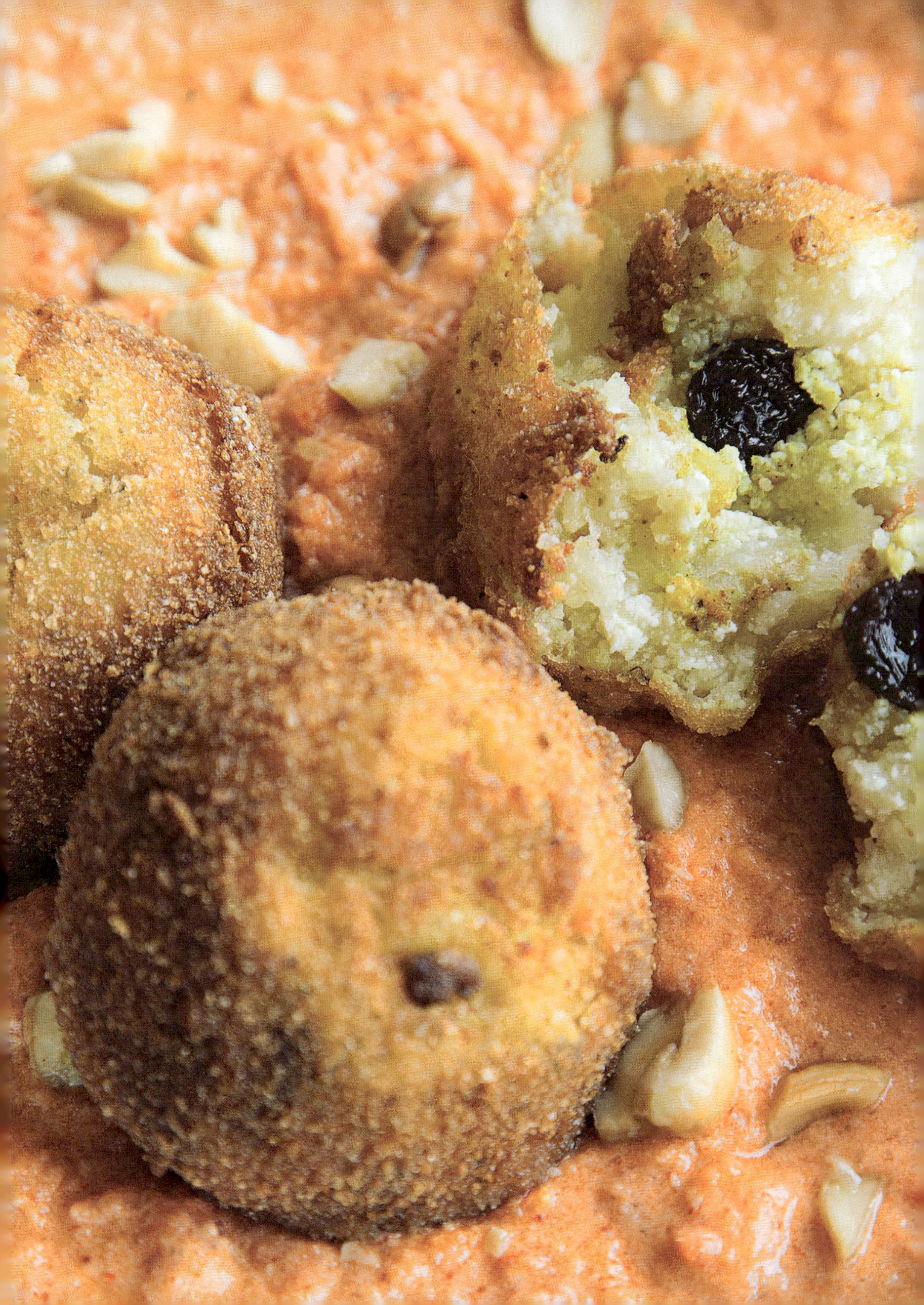

MUZAFFARNAGAR

Faltava pouco para chegar a Muzaffarnagar quando vimos aquelas duas figuras pintadas de branco caminhando ao longo da estrada. "Um sábio e seu discípulo", explicou-me Tuli. De perto, dava para entender a coloração daquelas peles: uma fina camada de cinzas cobria o corpo da dupla, que, para minha surpresa, não teve reação nenhuma quando paramos o carro ao lado para conversar.

Tuli, claro, fazia as perguntas. Eles estavam a caminho de Haridwar — o lugar mais sagrado por onde passa o rio Ganges. Tinham alguns dias pela frente até chegar ao seu destino — o que me fez esquecer meu desespero de enfrentar "apenas" mais algumas horas para completar o mesmo percurso, de pouco mais de duzentos quilômetros.

Havíamos saído cedo de Nova Delhi e eu estava com fome. A promessa era que chegaríamos a Muzaffarnagar para o almoço — mas já estávamos atrasados... E quando chegamos à cidade, surpresa: boa parte de suas ruas estava fechada para uma espécie de parada: princesas ultraenfeitadas, puxadas por charretes à altura, eram acompanhadas por bandas de trombones — e carros de som que exibiam, orgulhosos, enormes autofalantes brilhantes, que de longe me lembravam um trio elétrico.

Esqueci os apelos do estômago. Saí fotografando tudo com o entusiasmo de uma criança que entra no circo pela primeira vez. Na euforia, me perdi mais de uma vez de meus anfitriões. Mas logo depois de a banda passar — ou melhor, "as bandas" passarem, porque eram muitas! —, encontrei o carro de Tuli, onde ele me esperava com um saquinho de pakodas.

A fome voltou imediatamente, mas dessa vez veio feliz, por ter cedido seu espaço, ainda que por alguns minutos, a um espetáculo tão inesperado... Comi cada pakoda como se fosse um banquete inteiro. E seguimos para Haridwar.

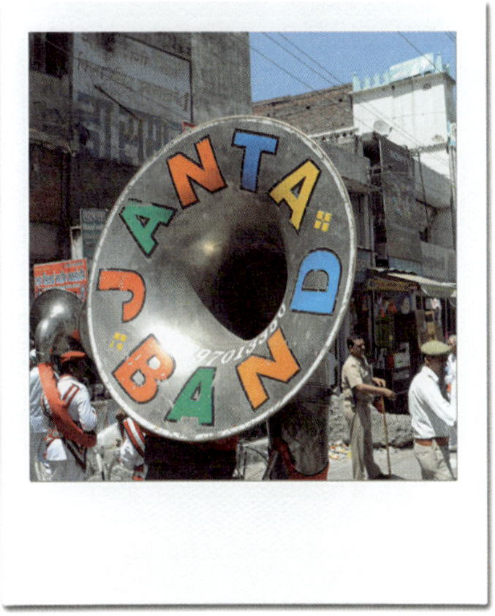
JANTA
BAND

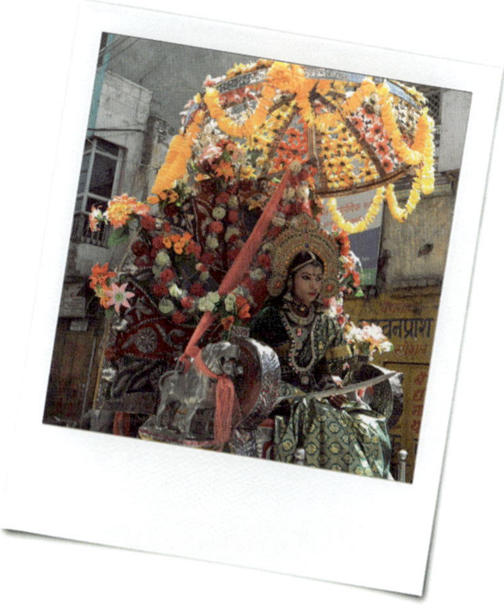

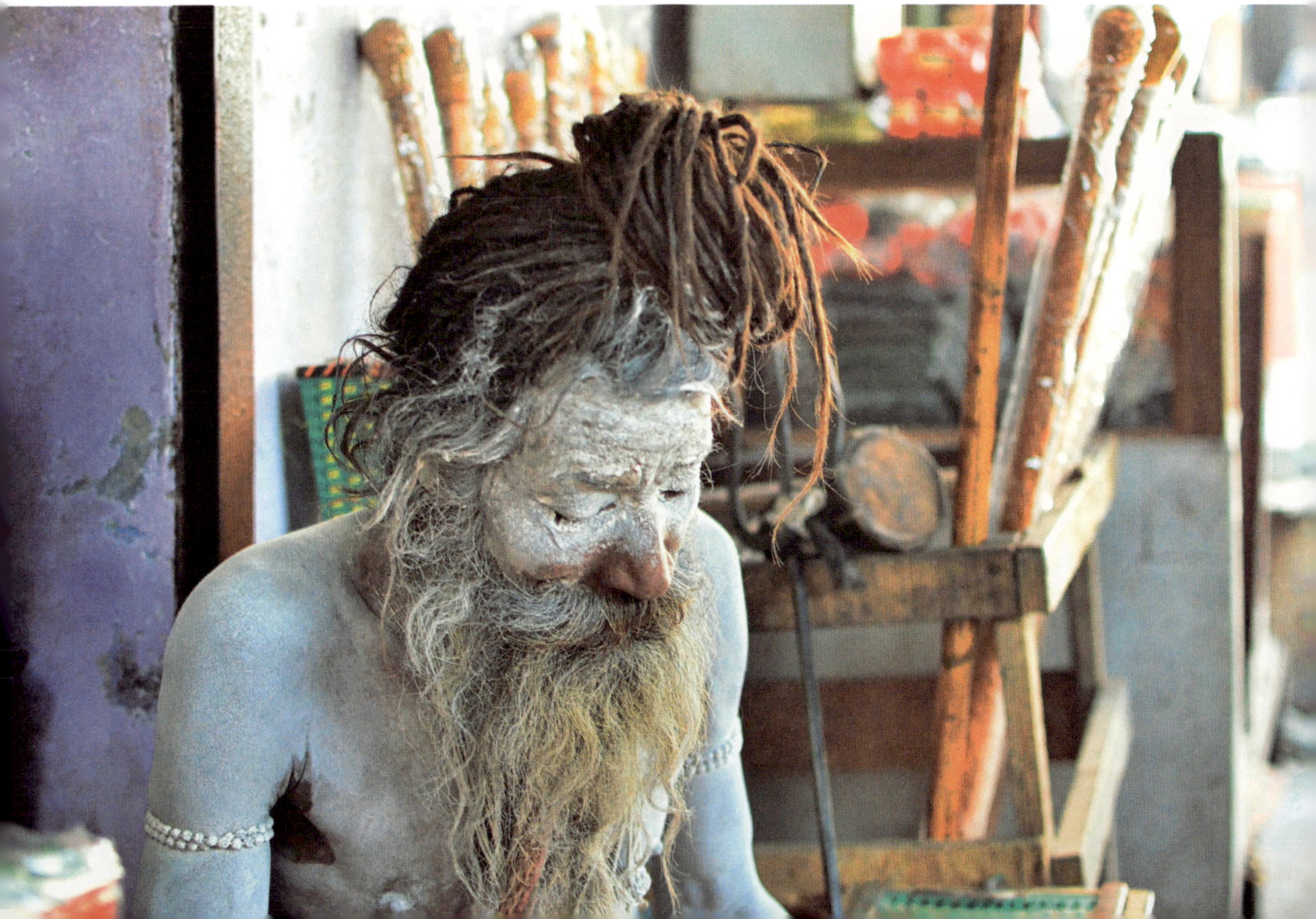

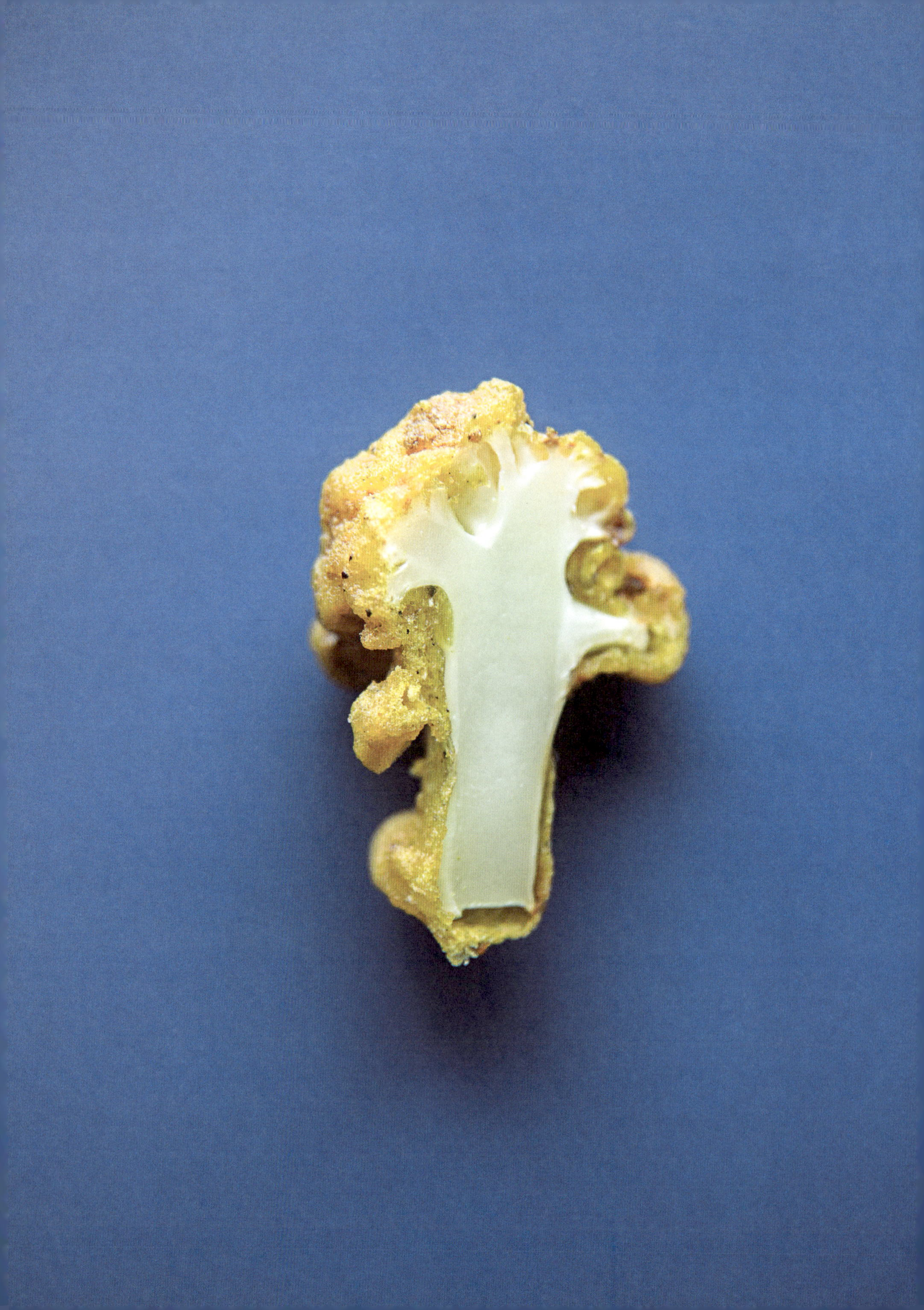

Pakoda. पकौड़ा

Uma massa leve à base de farinha de grão-de-bico é usada nesta receita para empanar praticamente tudo e conferir uma textura crocante. Douradas por fora e macias por dentro, as pakodas são servidas como aperitivo ou lanche. Podem ser acompanhadas de chutneys diversos (manga, tamarindo, coentro) ou ketchup e combinam bem com cerveja, destilados ou chai (p. 117). Além das opções aqui sugeridas, também são tradicionais as pakodas de frango, peixe e pão recheado com uma pasta temperada de batatas e queijo. Durante os testes desta receita, descobrimos que brócolis (muito mais comuns no Brasil do que na Índia) combinam muito bem com a pakoda.

Tempo de preparo: 30 minutos | Rende de 8 a 15 pakodas | Serve 4 pessoas

MASSA BÁSICA:
1 dente de alho
2 colheres (sopa)/ 20 g de gengibre
pimenta vermelha em pó (tipo kashmiri) a gosto
½ colher (chá)/ 2 g de pimenta-do-reino moída
2 colheres (chá)/ 2 g de coentro em pó
3 colheres (chá)/ 6 g de cominho em pó
½ colher (chá)/ 3 g de sal refinado
1 xícara (chá)/ 100 g de farinha de grão-de-bico (besan, farinha de bengal gram)
óleo vegetal para fritar
1 limão

1. Rale o dente de alho e o gengibre e misture os dois, formando uma pasta.
2. Adicione as pimentas, o coentro, o cominho e o sal.
3. Junte a farinha de grão-de-bico e adicione água aos poucos, até obter uma textura de mingau. Mergulhe um pedaço de legume na pasta para testar o ponto. O legume deverá ficar todo coberto por uma camada fina. Caso necessário, ajuste o ponto adicionando mais farinha (para espessar) ou mais água (para diluir).
4. Tempere os legumes com sal e, se quiser, adicione pimenta-do-reino moída, cominho e garam masala.
5. Cubra os legumes com a massa apenas na hora de fritar. Aqueça uma panela com óleo e, quando estiver bem quente (mas sem soltar fumaça), mergulhe os vegetais cobertos, fritando até dourar.
6. Deixe escorrer em papel-toalha por 1 minuto.
7. Esprema um pouco de sumo de limão e sirva em seguida.

VARIAÇÕES SUGERIDAS:

ALOO PAKODA. PAKODA DE BATATA
1 receita da massa para pakoda
2 unidades/ 300 g de batatas médias
½ colher (chá)/ 3 g de sal refinado

1. Lave bem as batatas, esfregando a casca. Corte-as em rodelas com cerca de 0,5 cm de espessura e tempere com o sal — se quiser, adicione pimenta-do-reino moída, cominho e garam masala.
2. Mergulhe as rodelas na massa e frite em óleo quente até dourar.

PANEER PAKODA. PAKODA DE RICOTA
1 receita de massa para pakoda
1 xícara (chá)/ 200 g de ricota firme
½ colher (chá)/ 3 g de sal refinado

1. Corte a ricota em cubos. Tempere com sal e, se quiser, adicione pimenta-do-reino moída, cominho e garam masala.
2. Mergulhe os cubos na massa e frite em óleo quente até dourar.

BAINGAN PAKODA. PAKODA DE BERINJELA
1 receita de massa para pakoda
1 unidade/ 300 g de berinjela média
½ colher (chá)/ 3 g de sal refinado

1. Lave a berinjela e corte em rodelas de até 1 cm de espessura. Tempere com sal e, se quiser, adicione pimenta-do-reino moída, cominho e garam masala.
2. Mergulhe as rodelas na massa e frite em óleo quente até dourar.

ANDA PAKODA. PAKODA DE OVOS
1 receita de massa para pakoda
4 ovos cozidos
½ colher (chá)/ 3 g de sal refinado

1. Descasque os ovos cozidos e corte-os ao meio no sentido longitudinal. Tempere com sal e, se quiser, adicione pimenta-do-reino moída, cominho e garam masala.
2. Mergulhe as metades de ovos na massa e frite em óleo quente até dourar.

PYAAZ PAKODA. PAKODA DE CEBOLA
1 receita de massa para pakoda
2 unidades/ 400 g de cebolas grandes
½ colher (chá)/ 3 g de sal refinado

1. Descasque as cebolas e corte-as em rodelas de até 1 cm de espessura. Tempere com sal e, se quiser, adicione pimenta-do-reino moída, cominho e garam masala.
2. Mergulhe as rodelas na massa e frite em óleo quente até dourar.

KHUMB PAKODA. PAKODA DE COGUMELO
1 receita de massa para pakoda
1 ½ xícara (chá)/200 g de cogumelos frescos (paris ou portobello)
½ colher (chá)/ 3 g de sal refinado

1. Lave os cogumelos e corte-os ao meio no sentido longitudinal. Tempere com sal e, se quiser, adicione pimenta-do-reino moída, cominho e garam masala.
2. Mergulhe os cogumelos na massa e frite em óleo quente até dourar.

PALAK PAKODA. PAKODA DE ESPINAFRE
1 receita de massa para pakoda
2 xícaras (chá)/ 200 g de espinafre
½ colher (chá)/ 3 g de sal refinado

1. Lave o espinafre e separe em folhas. Tempere com sal e, se quiser, adicione pimenta-do-reino moída, cominho e garam masala.
2. Mergulhe o espinafre na massa e frite em óleo quente até dourar.

GOBI PAKODA. PAKODA DE COUVE-FLOR

1 receita de massa para pakoda
2 xícaras (chá)/ ½ unidade de couve-flor ou brócolis
½ colher (chá)/ 3 g de sal refinado

1. Lave a couve-flor (ou o brócolis) e corte-a em floretes pequenos. Tempere com sal e, se quiser, adicione pimenta-do-reino moída, cominho e garam masala.
2. Mergulhe os pedaços na massa e frite em óleo quente até dourar.

PANI PURI NO GANGES

A luz que piscava da tela do laptop da adolescente sentada nas escadarias às margens do Ganges, em Rishikesh, era a única coisa que parecia perturbar a tranquilidade daquele final de tarde na cidade que é considerada a capital da ioga. Não apenas pelo anacronismo de avistar um computador tão moderno numa paisagem milenar, mas também por sua luz de led interferir diretamente com os raios fúlgidos com que o sol se despedia do dia num ponto indefinido daquelas águas.

Eu, turista em busca de uma experiência genuína, sentado nas mesmas margens, sentia-me ligeiramente incomodado com aquela presença tão contemporânea. Mas logo um ruído de outro tempo veio interferir na mesma cena: era um vendedor de pani puri anunciando sua chegada batendo nas laterais da bandeja que carregava na cabeça.

Seu som quase que se confundia com o dos tambores que haviam acabado de passar por ali — agora, já algumas centenas de metros distantes: um bando de devotos envoltos em panos, cantando na tarde que se punha. Mas a batida do vendedor era mais forte — afinal, ela espalhava não a fé, mas a boa notícia de que a comida havia chegado.

Quando desceu todos seus apetrechos da cabeça, foi possível ver que seu saco de pastéis ocos — a base do pani puri — estava transbordando, bem como as panelas com os molhos para recheá-los. O risco de perder aquela comida toda, porém, era pequeno: as pessoas já se juntavam em volta dele numa fila desorganizada, tão típica de qualquer canto da Índia.

Esperei minha vez para experimentar — e o sabor picante do recheio misturado ao crocante da massa era o detalhe que faltava àquele anoitecer para eu preparar meu espírito para as impressionantes orações em torno do fogo de Rishikesh.

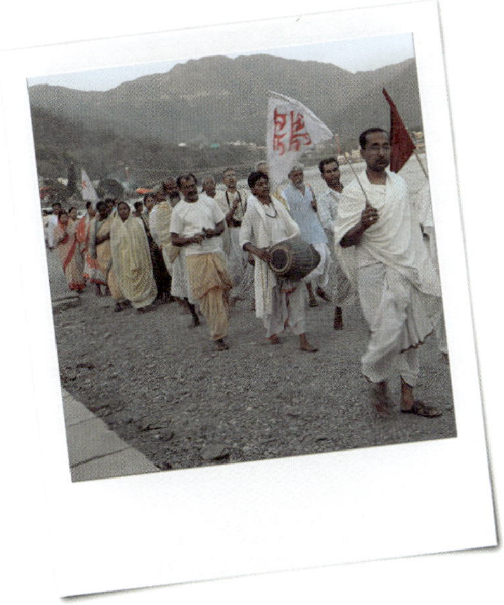

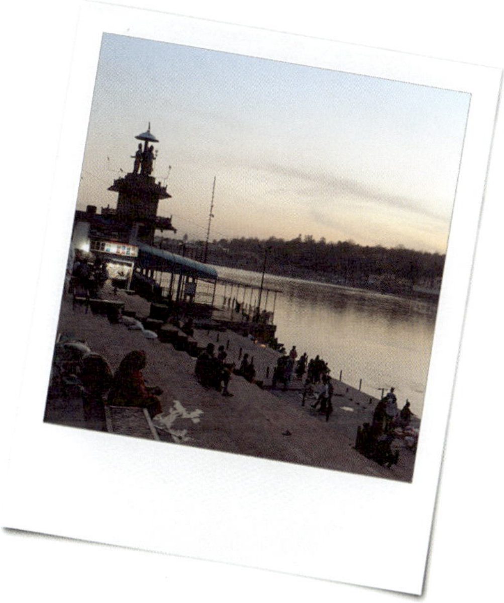

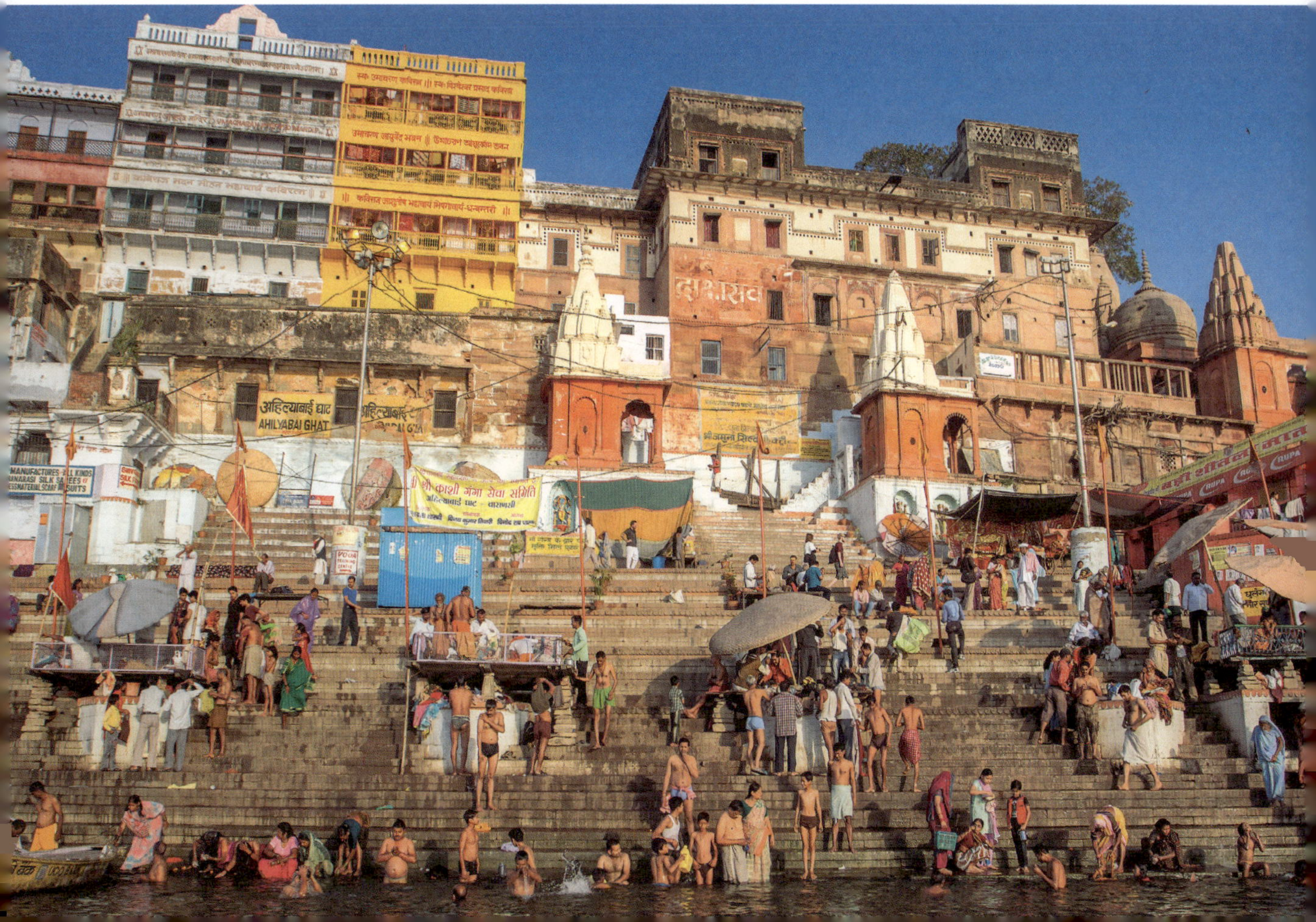
अहिल्याबाई घाट
AHILYABAI GHAT

COZIDOS
पकाया खाना

TEMPLO SIKH — GURU KA LANGAR

O pano que improvisei na minha cabeça nem de longe chegava à elegância dos turbantes dos homens que se sentavam pacientemente enfileirados na enorme área coberta do templo sikh, que com sua imponência se destaca da confusão arquitetônica de Velha Delhi. Conforme a tradição dessa religião, criada no norte da Índia no século XV pelo guru Nanak Dev, dar comida a todos que chegam a um templo é uma obrigação, uma maneira de compartilhar os resultados dos esforços — o trabalho honesto é outra base da crença sikh — com toda e qualquer pessoa, sem discriminação.

Assim, fui experimentar aquela comida distribuída de forma gratuita por voluntários, que cozinham em gigantescas panelas para milhares de pessoas todos os dias. Não apenas fiéis: qualquer visitante que estiver passando por ali é bem-vindo, desde que cubra a cabeça. Que foi exatamente o que eu fiz, sem muita dignidade: usei uma camisa que estava sobrando na mochila e improvisei uma maçaroca que fazia vergonha não só à imponência daquele templo como à minha própria herança brasileira embutida nos turbantes afro-baianos. Contudo, mal-ajambrado como estava, esse foi meu passe para uma refeição inesquecível. Primeiro visitei a cozinha, de proporções colossais: longas assadeiras de pão sendo esvaziadas em bacias fartas, uma verdadeira linha de produção alimentar, e caldeirões e caldeirões de aloos e sooji halwa, um doce feito em ghee e oferecido a todos que visitam o templo. Todos vegetarianos, claro — uma vez que o guru adere a uma dieta que exclui qualquer tipo de carne. Em compensação, sua doutrina inclui a generosidade. Ali sentado numa das filas do galpão, cercado de homens de todas as idades — inclusive crianças, que usam um turbante diferente, com um cocuruto na ponta, não menos charmoso —, eu agradeci aos deuses, não sei bem quais, por toda aquela generosidade. A atmosfera estava longe de ser algo que se pudesse chamar de *espiritual* — estava mais para um grande refeitório comunitário. Mas o que experimentei ali certamente tinha algo de divino.

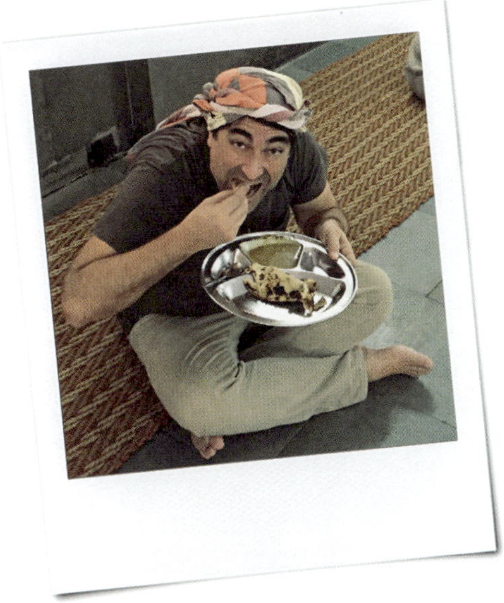

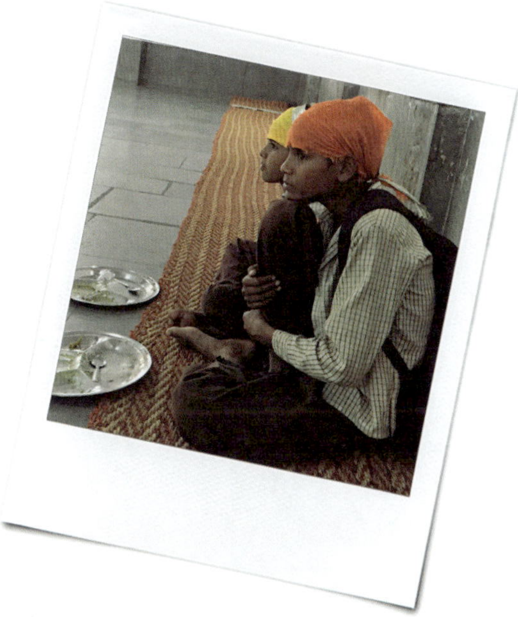

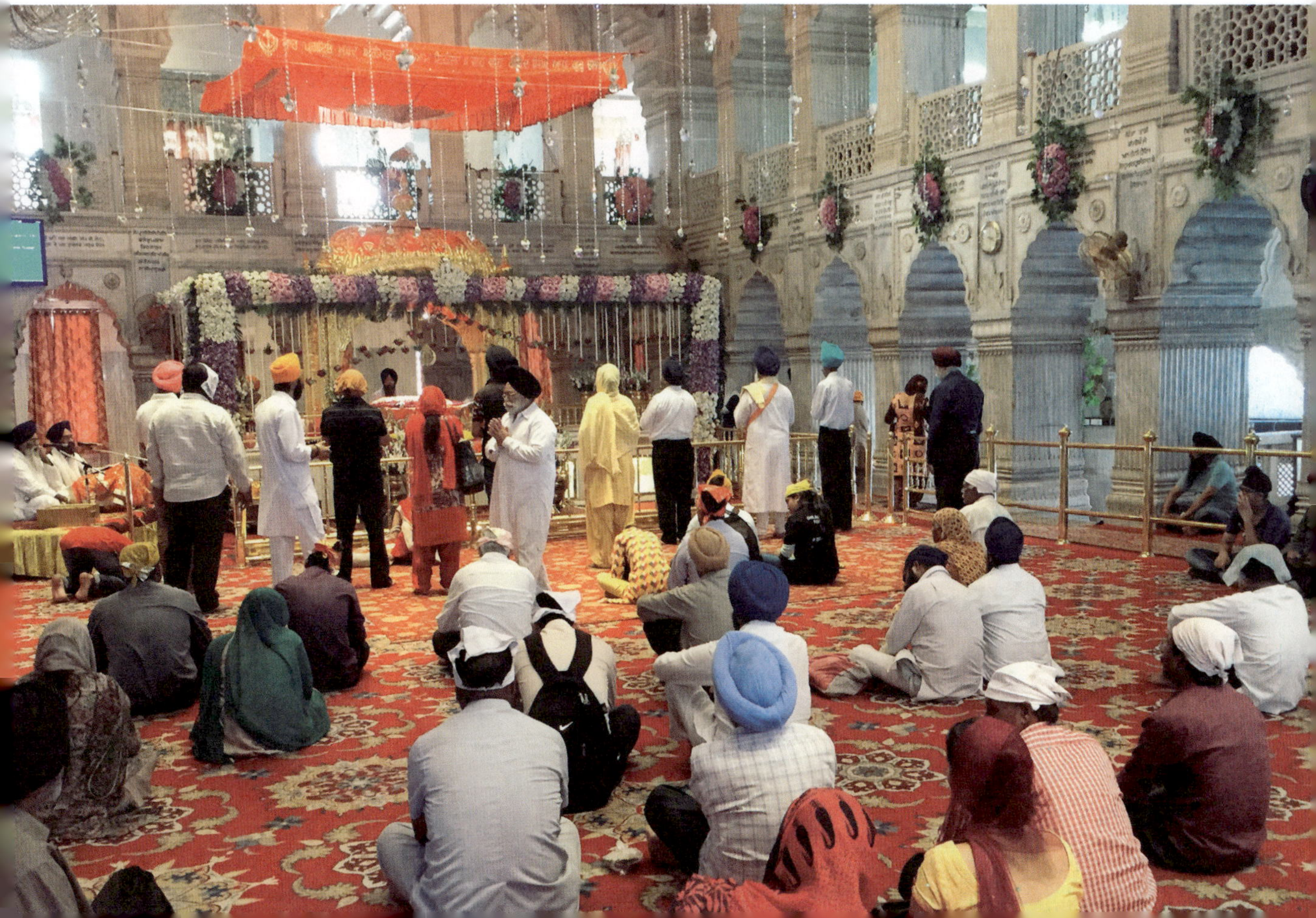

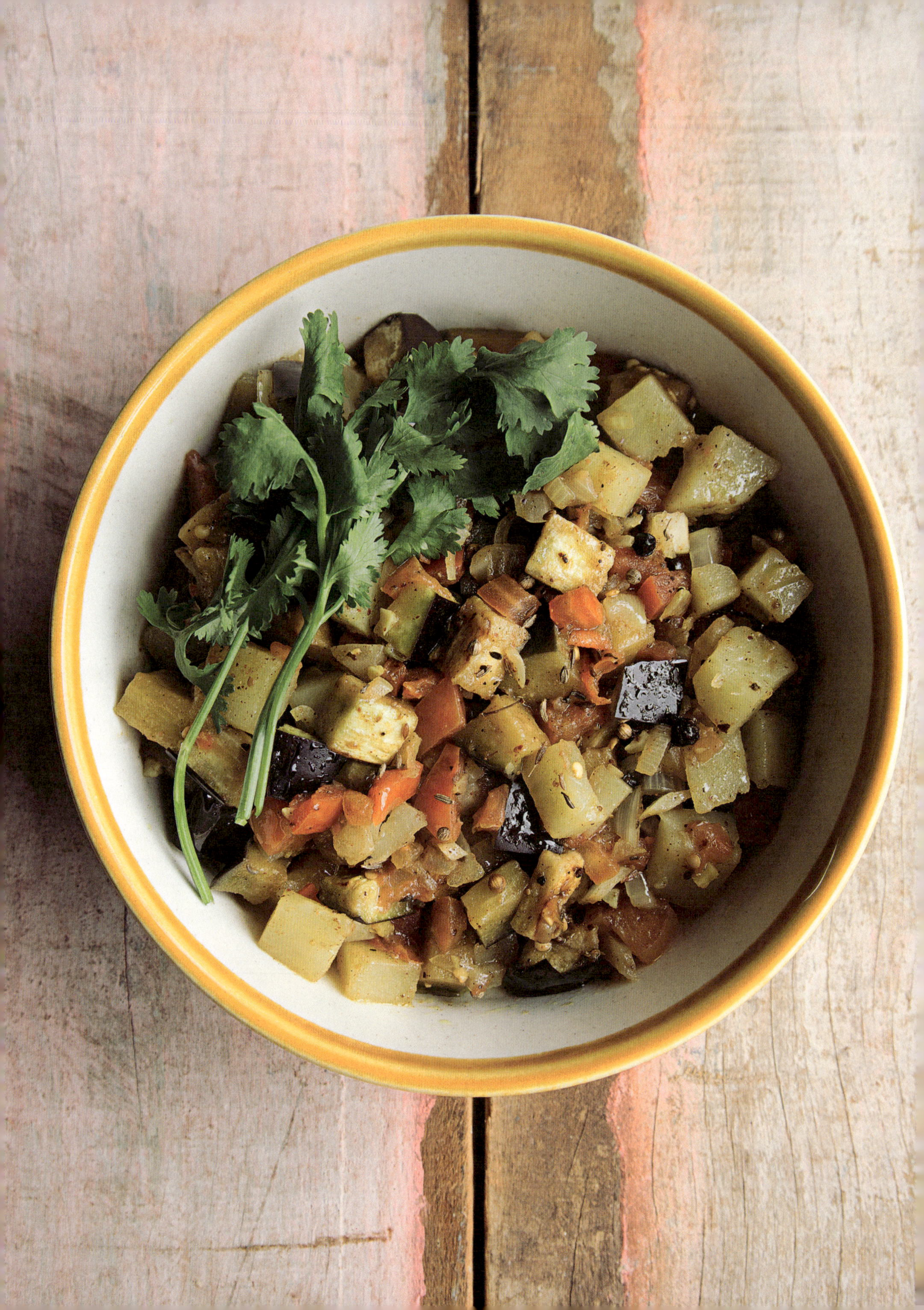

Aloo baingan. आलू बैंगन
Berinjela com batata

Um prato popular, com equilíbrio de sabores: o amargor da berinjela e o adocicado da batata. Tem textura firme, para comer com todos os tipos de pães indianos (p. 85), arroz basmati (p. 31), daal (p. 25), raita (como a da p. 103) e chutney doce de manga e pimenta.

Tempo de preparo: 45 minutos | Serve 4 pessoas

2 unidades/ 400 g de berinjelas
3 unidades/ 500 g de batatas grandes
2 unidades/ 150 g de cebolas médias
2 unidades/ 300 g de tomates médios
2 dentes de alho
1 ½ colher (sopa)/ 20 g de gengibre
½ xícara (chá)/ 120 ml de óleo vegetal
1 colher (chá)/ 4 g de pimenta-do-reino em grãos
1 colher (chá)/ 4 g de pimenta-do-reino moída
2 colheres (chá)/ 4 g de cúrcuma em pó
2 colheres (chá)/ 2 g de coentro em grãos
3 colheres (chá)/ 9 g de sementes de cominho
1 colher (sopa)/ 6 g de garam masala
2 colheres (chá)/ 12 g de sal refinado
4 colheres (sopa)/ 20 g de folhas de coentro picadas

1. Lave e corte as berinjelas em cubos médios. Descasque as batatas e pique em cubos do mesmo tamanho.
2. Corte as cebolas e os tomates em pedaços pequenos e pique o alho e o gengibre.
3. Aqueça o óleo em uma panela, em fogo médio. Frite todos os ingredientes cortados e adicione os temperos secos.
4. Cozinhe por cerca de 30 minutos, mexendo de vez em quando para que o fundo da panela não queime. Coloque a tampa caso prefira a receita mais úmida; deixe a panela aberta se quiser um resultado mais seco.
5. Quando estiver pronto, com as batatas e os temperos em grãos macios, salpique as folhas de coentro sobre o prato e ajuste o sal.

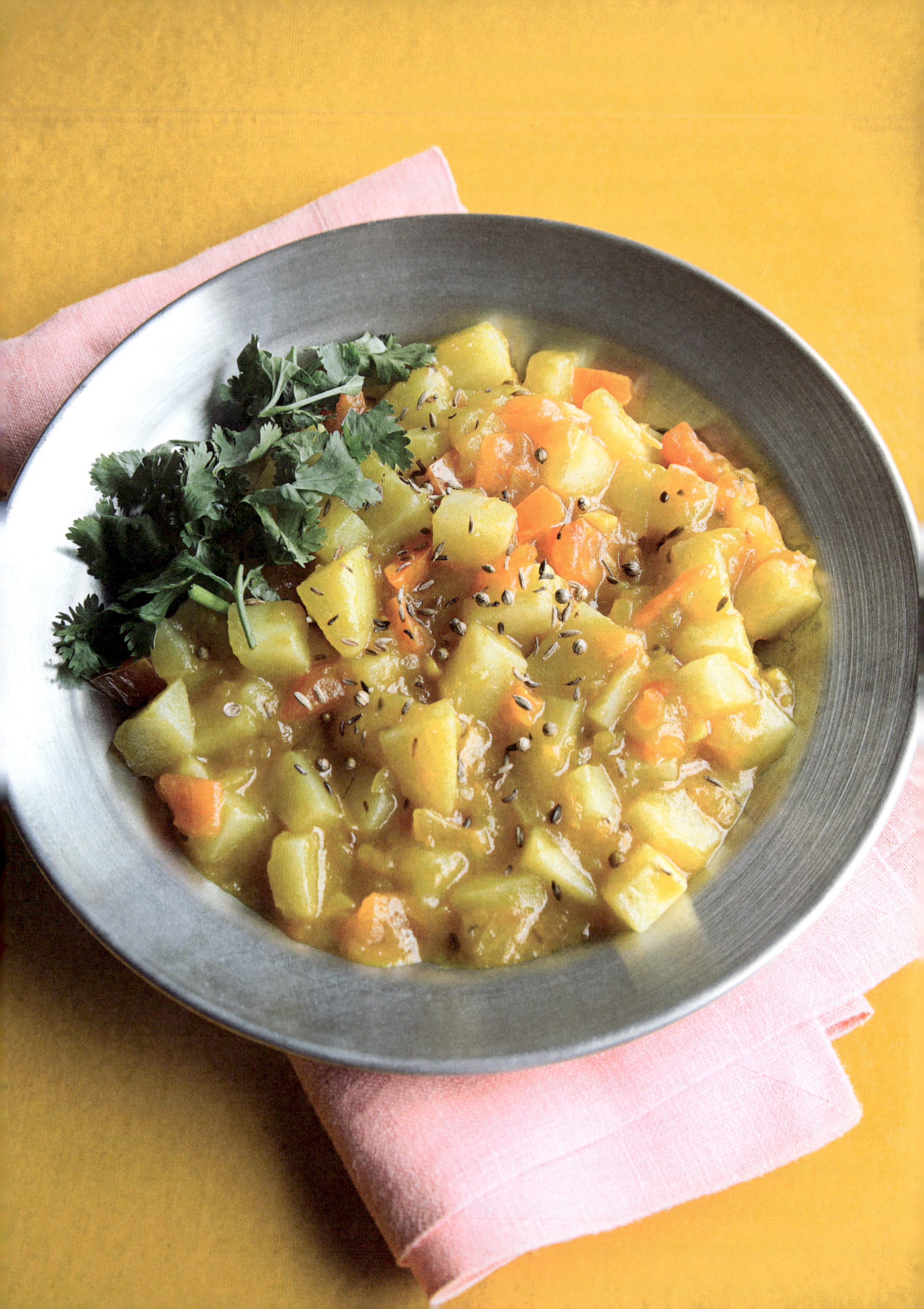

Aloo sabzi. आलू सब्ज़ी
Curry de batata

Uma receita tradicional, perfeita para ser servida com pães tipo roti e paratha (p. 85), com iogurte ou raita (p. 103) e aam achar (picles de manga). Para um prato ainda mais autêntico, podem ser usados os temperos típicos ajwain (*Trachyspermum ammi*) e hing (assa-fétida), raros no Brasil, mas muito comuns na Índia.

Tempo de preparo: 70 minutos | Serve 4 pessoas

5 unidades/ 800 g a 1 kg de batatas grandes
½ xícara (chá)/ 120 ml de óleo vegetal
1 unidade/ 110 g de cebola média picada
2 dentes de alho picados
1 colher (sopa)/ 10 g de gengibre picado
8 unidades/ ½ colher (chá) de cravos-da-índia
1 colher (chá)/ 4 g de pimenta-do-reino em grãos
2 colheres (chá)/ 2 g de coentro em grãos
3 colheres (chá)/ 9 g de sementes de cominho
½ colher (chá)/ 1 g de assa-fétida (opcional)
½ colher (chá)/ 1 g de sementes de ajwain (opcional)
2 unidades/ 150 g de tomates médios
pimenta vermelha em pó (tipo kashmiri) a gosto
1 colher (chá)/ 4 g de pimenta-do-reino moída
2 colheres (chá)/ 4 g de cúrcuma em pó
1 colher (sopa)/ 6 g de garam masala
1 ½ colher (chá)/ 9 g de sal refinado
4 xícaras (chá)/ 1 l de água
¼ xícara (chá)/ 20 g de folhas de coentro

1. Descasque as batatas, corte em cubos médios e leve para ferver em água, no fogo alto, até que estejam cozidas e um garfo as perfure com facilidade.
2. Leve uma panela funda ao fogo alto, aqueça o óleo e adicione a cebola, o alho e o gengibre picados. Frite até dourarem, mexendo sempre para não queimar.
3. Quando o gengibre e o alho estiverem dourados, acrescente à panela o cravo e a pimenta em grãos. Abaixe o fogo para temperatura média.
4. Salpique as sementes de coentro e cominho, cuidando para não queimarem, a assa-fétida e as sementes de ajwain (caso use). Mexa por 2 minutos.
5. Adicione à panela os tomates picados e as batatas cozidas cortadas em cubos médios. Mexa bem e junte as pimentas em pó, a cúrcuma, o garam masala e o sal.
6. Cozinhe por cerca de 5 minutos e despeje a água. Tampe a panela e cozinhe por 30 a 40 minutos, dependendo da textura desejada, mais líquida ou mais espessa.
7. Quando estiver pronto, desligue o fogo e adicione as folhas de coentro picadas. Se necessário, ajuste o sal.

CURRY x PIMENTA

Boa parte das pessoas que nunca experimentaram a cozinha indiana tem certo receio de descobrir que ela é "apimentada" demais. A referência, para os brasileiros, é nossa própria pimenta — que costumamos encontrar sobretudo no Nordeste (mas que também é bastante comum em Minas Gerais, e eu, como bom mineiro, conheço bem). Mas essa relação não é tão direta assim.

Confundir um curry com um molho de pimenta é, no mínimo, uma conclusão apressada. Impossível negar que, independente das suas variações, o curry é, sim, um complemento picante de uma refeição. Mas nenhum curry é igual ao outro. Não estou falando daquele industrializado, que você compra pronto, mas do curry feito em casa — que em boa parte da Índia você encontra numa receita de família. Alguns cozinheiros e cozinheiras que conheci se orgulham mesmo de ter sua própria receita — ou seja, sua mistura pessoal de temperos.

Ela pode incluir de cúrcuma a coco ralado — passando por gengibre, casca de limão, coentro, pimenta-branca, pimenta-do-reino, mais um punhado de "ingredientes secretos"... e, claro, uma "pimenta de verdade", o chili. Mas não significa que essa mistura seja insuportavelmente picante: o ideal é que ela seja aromática. Seus efeitos mais "abrasivos" podem ser amenizados com água, óleo, ghee e iogurte — e até leite de coco. E, claro, espere também o sabor da carne que você resolver mergulhar no molho: vaca, carneiro, porco, frango, pato, peixe, camarão... E aí o jogo é poder sentir as diferenças dos curries preparados em cada região da Índia — ou, se você se tornar mesmo um especialista, reconhecer até de que casa de família vem aquela mistura!

चोटी वाला
चोटीवाला

OVOS

अंडे

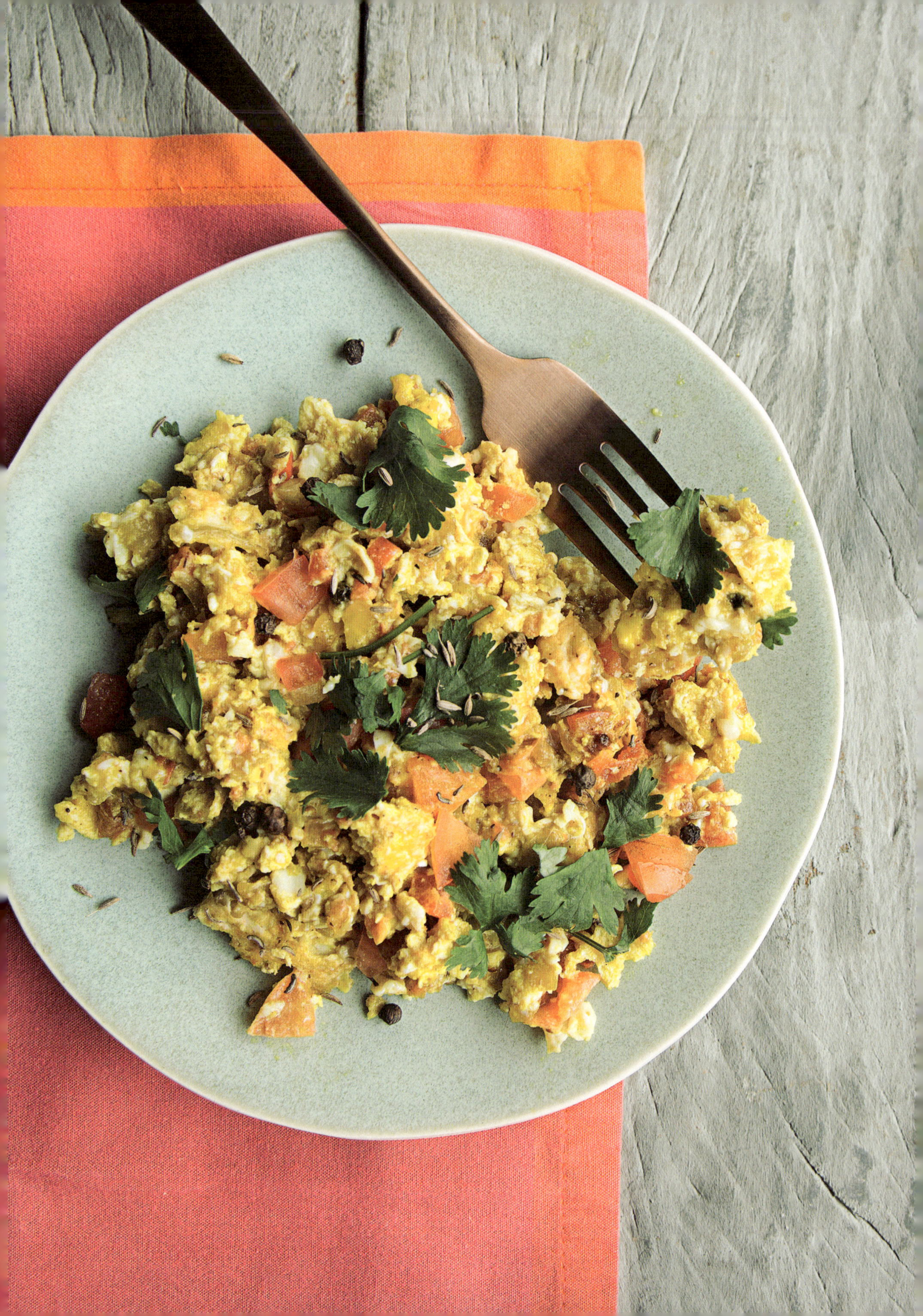

Andaa bhurjee. अंडा भुर्जी
Ovos mexidos com especiarias

Uma boa opção para quem quer variar no café da manhã ou busca um prato rápido com novos sabores — no brunch combina muito bem com croissants e torradas. Fica ótimo acompanhado de pães indianos (p. 85) e chutney de manga.

Tempo de preparo: 30 minutos | Serve 4 pessoas

1 unidade/ 100 g de cebola
1 unidade/ 200 g de tomate grande
2 colheres (chá)/ 5 g de gengibre ralado
2 dentes de alho ralados
4 cardamomos verdes
5 unidades/ ½ colher rasa (chá) de cravos-da-índia
⅓ xícara (chá)/ 80 ml de óleo vegetal
1 colher (chá)/ 4 g de pimenta-do-reino em grãos
1 colher (chá)/ 1 g de coentro em grãos
2 colheres (chá)/ 6 g de sementes de cominho
pimenta vermelha em pó (tipo kashmiri) a gosto
¾ colher (chá)/ 3 g de pimenta-do-reino moída
1 colher (chá)/ 2 g de cúrcuma em pó
1 colher (sopa)/ 6 g de garam masala
1 colher (chá)/ 6 g de sal refinado
8 ovos médios

1. Pique a cebola e o tomate em pedaços pequenos. Moa os cardamomos e os cravos-da-índia.
2. Em uma panela rasa, aqueça o óleo em fogo alto. Quando estiver quente, adicione o gengibre e o alho e refogue até dourar levemente.
3. Coloque na panela os cardamomos e os cravos moídos e a pimenta em grãos e mexa. Reduza o fogo para a temperatura média, junte o coentro e o cominho e misture por cerca de 1 minuto.
4. Adicione a cebola e refogue até dourar.
5. Acrescente o tomate picado e misture bem.
6. Salpique as pimentas em pó, a cúrcuma, o garam masala e o sal.
7. Cozinhe por 5 minutos, mexendo sempre para não queimar. Conforme a umidade evapora, as bolhas de fervura ficam cada vez menores.
8. Em uma tigela, bata os ovos um a um levemente com um garfo. Despeje-os na panela com os temperos.
9. Cozinhe, mexendo de vez em quando, até a mistura ficar cozida e ligeiramente firme.
10. Prove o sal, ajustando se necessário. Decore com folhas de coentro e sirva em seguida.

GALERIA das PIMENTAS

"*Use no hooks*", lê-se bem grande em cima de cada um daqueles sacos estufados. O aviso em inglês para não usar nenhum gancho para carregar tanto peso é uma das explicações para aquela massa humana que passa pela sua frente carregando um, às vezes dois — e, se for um garoto bem jovem, até três — desses sacos imensos. As figuras, mesmo à luz do dia, são fantasmagóricas, frágeis suportes para os panos que se enrolam sobre peles clareadas pelo pó constante que encobre, como uma névoa, esses depósitos de pimenta. Às vezes um desses volumes abertos oferece o luxo da cor — vermelhos fortes da pilha com os produtos principais dessa galeria em Velha Delhi. Mas de resto tudo é cinza e bege, nos sacos, nos trapos, nos rostos. Se não é o turbante impecável, é ao menos uma toalha rasgada que cobre a cabeça desses carregadores. Pernas das calças e mangas se enrolam numa inspiração que mais de uma vez já cruzou passarelas do mundo da moda — um universo que não poderia ser mais distante deste aqui. É como se o amarfanhado dos tecidos fosse a única esperança de cobrir aquelas magras silhuetas. E o trabalho segue, cabeças e sacos se misturando numa maré agitada onde um ou outro corpo descansa agachado, as pernas flexionadas apoiando o corpo recolhidas em cima de uma bancada, numa espécie de desafio não só à gravidade como ao calor, ao barulho, à impossibilidade de se imaginar um mundo melhor neste beco da capital...

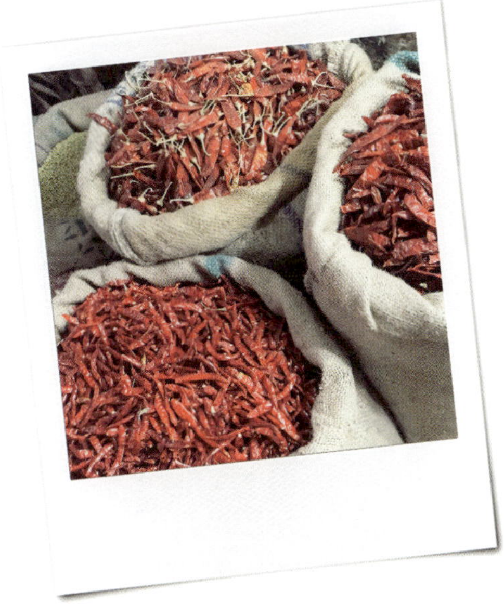
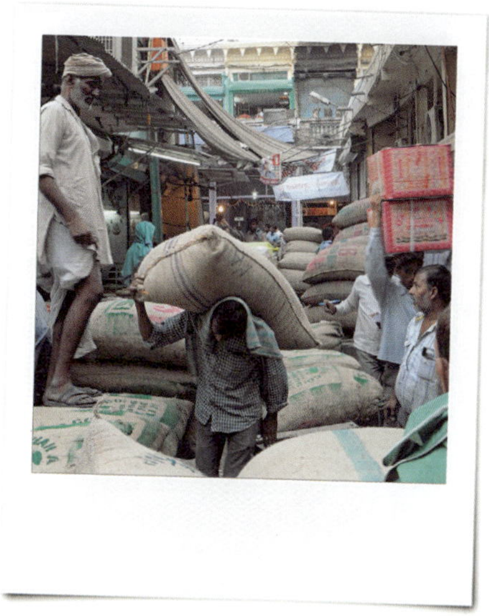
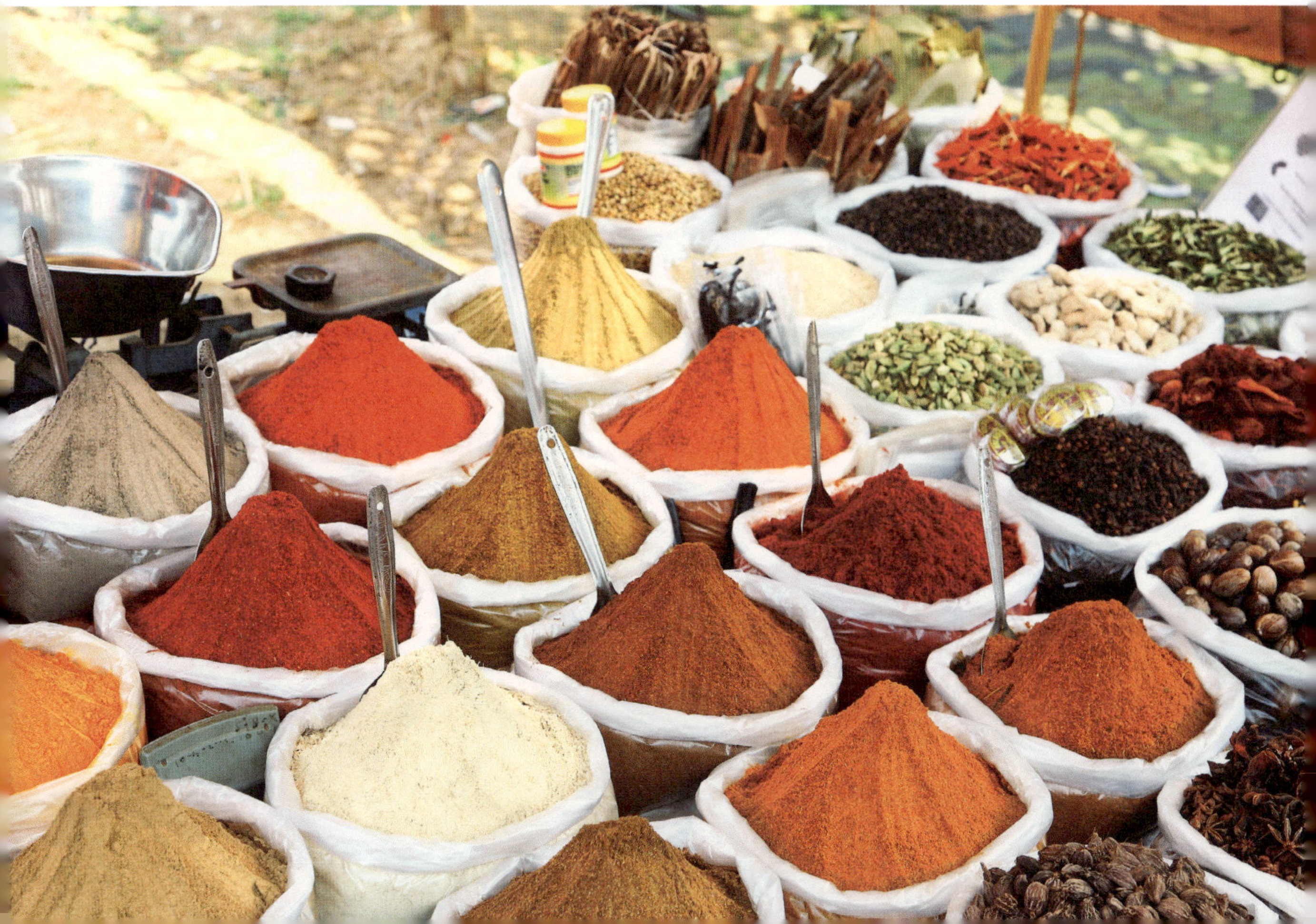

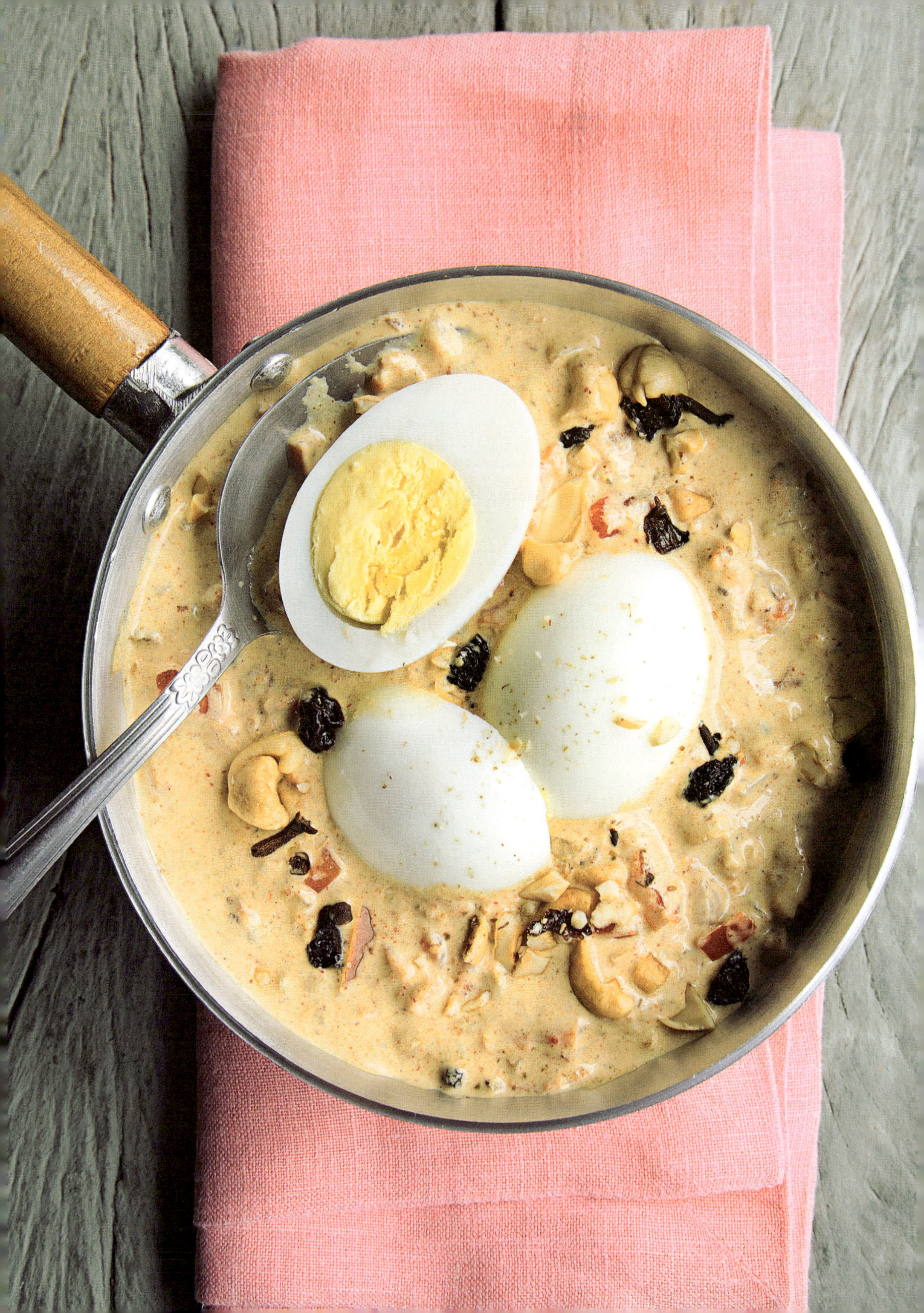

Andaa masala. अंडा मसाला
Ovos cozidos em creme de leite

Neste cozido, o tamanho em que os ovos são picados influencia diretamente na absorção dos sabores dos temperos. Pedaços maiores de ovos desmancham menos, mas também incorporam menos sabor. O ponto de cozimento das cebolas, de preferência bem douradas, também conta para o resultado final, deixando o prato mais leve e com sabor levemente adocicado. Pode ser servido com pães (p. 85), como roti, paratha ou naan, e arroz basmati (p. 31).

Tempo de preparo: 60 minutos | Serve 4 pessoas

- 8 ovos médios
- 1 unidade/ 200 g de tomate grande
- 1 unidade/ 75 g de cebola média
- 1 dente de alho
- 2 colheres (chá)/ 10 g de gengibre
- 4 cardamomos verdes
- 8 unidades/ ½ colher (chá) de cravos-da-índia
- ½ xícara (chá)/ 120 ml de óleo vegetal
- 1 colher (chá)/ 4 g de pimenta-do-reino em grãos
- 2 colheres (chá)/ 2 g de coentro em grãos
- 3 colheres (chá)/ 9 g de sementes de cominho
- pimenta vermelha em pó (tipo kashmiri) a gosto
- 1 colher (chá)/ 4 g de pimenta-do-reino moída
- 2 colheres (chá)/ 4 g de cúrcuma em pó
- 1 colher (sopa)/ 6 g de garam masala
- 2 colheres (chá)/ 12 g de sal refinado
- ¾ xícara (chá)/ 180 ml de creme de leite
- 2 colheres (chá)/ 10 ml de mel
- ½ xícara (chá)/ 70 g de uvas-passas
- 2 colheres (sopa)/ 30 g de castanhas-de-caju

1. Coloque os ovos inteiros em uma panela e cubra com água. Leve ao fogo alto e deixe ferver por 10 minutos. Escorra os ovos e reserve.
2. Lave o tomate, descasque a cebola e pique-os em cubos pequenos. Rale o gengibre e o alho.
3. Moa os cardamomos e os cravos-da-índia.
4. Em uma panela média, aqueça o óleo e adicione o alho e o gengibre e deixe dourar. Abaixe o fogo e junte o cardamomo, o cravo, a pimenta em grão, o coentro e o cominho. Mexa por cerca de 2 minutos.
5. Acrescente a cebola, mexendo até dourar. Em seguida, adicione o tomate e mexa até obter uma mistura uniforme.
6. Salpique a pimenta vermelha em pó, a pimenta moída, a cúrcuma em pó, o garam masala e o sal. Misture bem e cozinhe por 5 minutos (aos poucos as bolhas de fervura ficarão escassas).
7. Corte os ovos em pedaços médios e coloque-os na panela. Misture.
8. Despeje o creme de leite, o mel, as uvas-passas e a castanha-de-caju. Cozinhe em fogo médio até obter um tom dourado, cuidando para não queimar.

VERDURAS E LEGUMES

सब्जियां

FRUTAS E LEGUMES

Tente encontrar um supermercado na Índia... mesmo em Nova Delhi, Mumbai ou Calcutá — cidades das quais você espera um bom grau de cosmopolitismo. Um estabelecimento desses como a gente conhece é uma raridade. Quase uma lenda. Apesar disso, a culinária vegetariana não sofre com falta de vegetais, alguns dos quais difíceis de encontrar fora de lá e causam certo espanto pelos formatos e pelas cores inesperados.

Então onde os indianos compram frutas, legumes e verduras? Nas pequenas mercearias encravadas em construções antigas. Ou nas carroças que têm seus clientes certos nos itinerários das grandes metrópoles (a mãe do Tuli esperava seu fornecedor passar todos os dias para escolher o que iria cozinhar). Ou ainda nas improvisadas barracas de rua que brotam inesperadamente no meio do caminho.

Imersas em uma paisagem urbana que tende para o marrom, pilhas de limões, tomates, gengibres, pepinos, abóboras — além de gordas berinjelas rajadas de roxo e branco — são um alívio não apenas para o olhar, mas também para quem acha que já comeu frituras demais.

Em Haridwar, talvez pelo frescor das águas (ainda) cristalinas do Ganges que passam por lá, encontrei algumas das barracas mais cintilantes. Ali experimentei romãs, laranjas, mangas — e até uvas — cujo sabor era exatamente o que sugeriam suas cores realçadas pelo sol: intenso, hipnotizante.

Algo talvez que perdemos o hábito de esperar quando compramos os mesmos produtos, já tão higienizados na prateleira de um supermercado. Longe de ser um elogio ao sistema de distribuição de alimentos na Índia. É só uma mera tentação da natureza. Que, aliás, é logo esquecida quando o vendedor de algodão-doce rosa-choque passa.

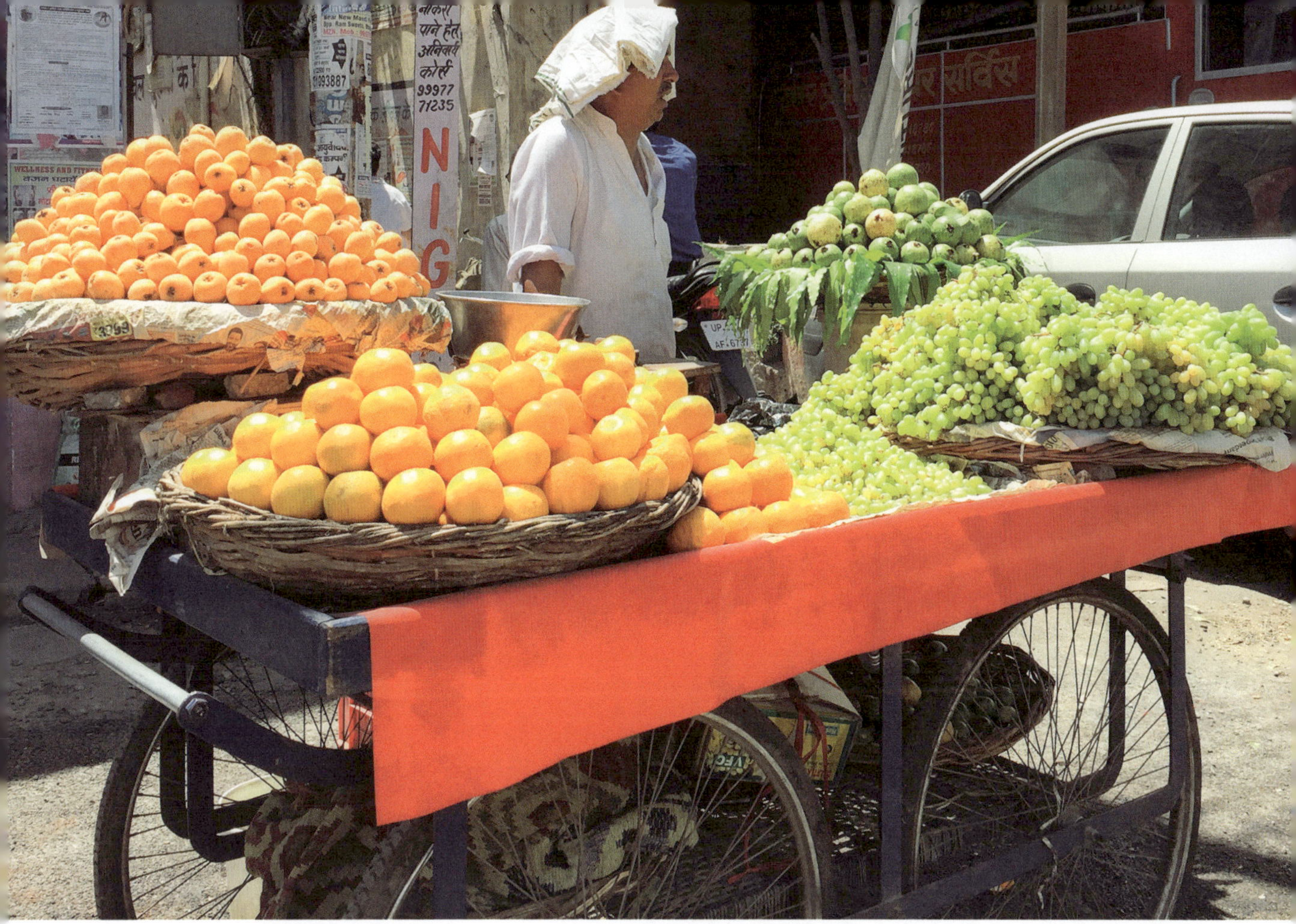
NIG

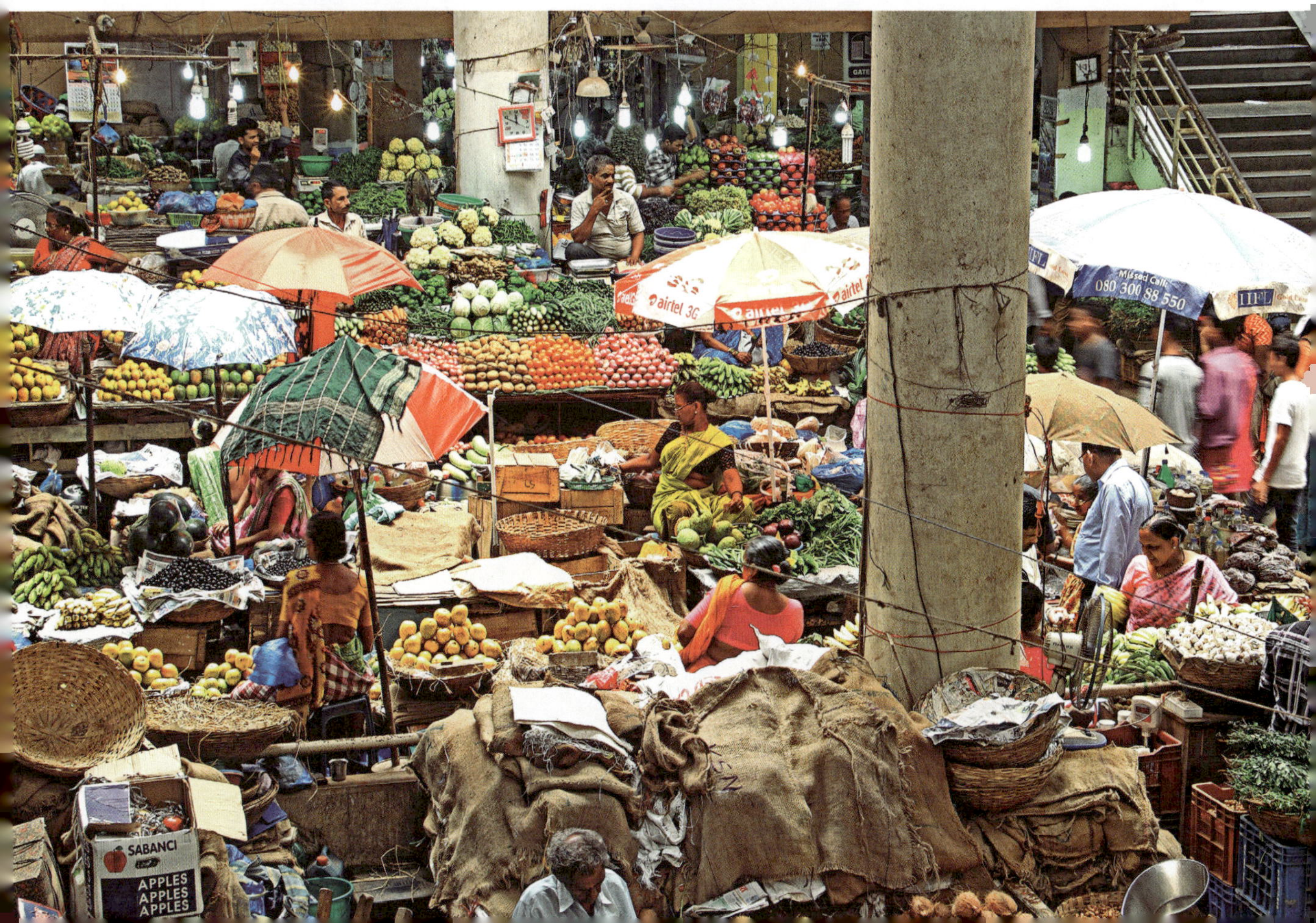
airtel 3G
080 300 88 550
SABANCI
APPLES
APPLES
APPLES

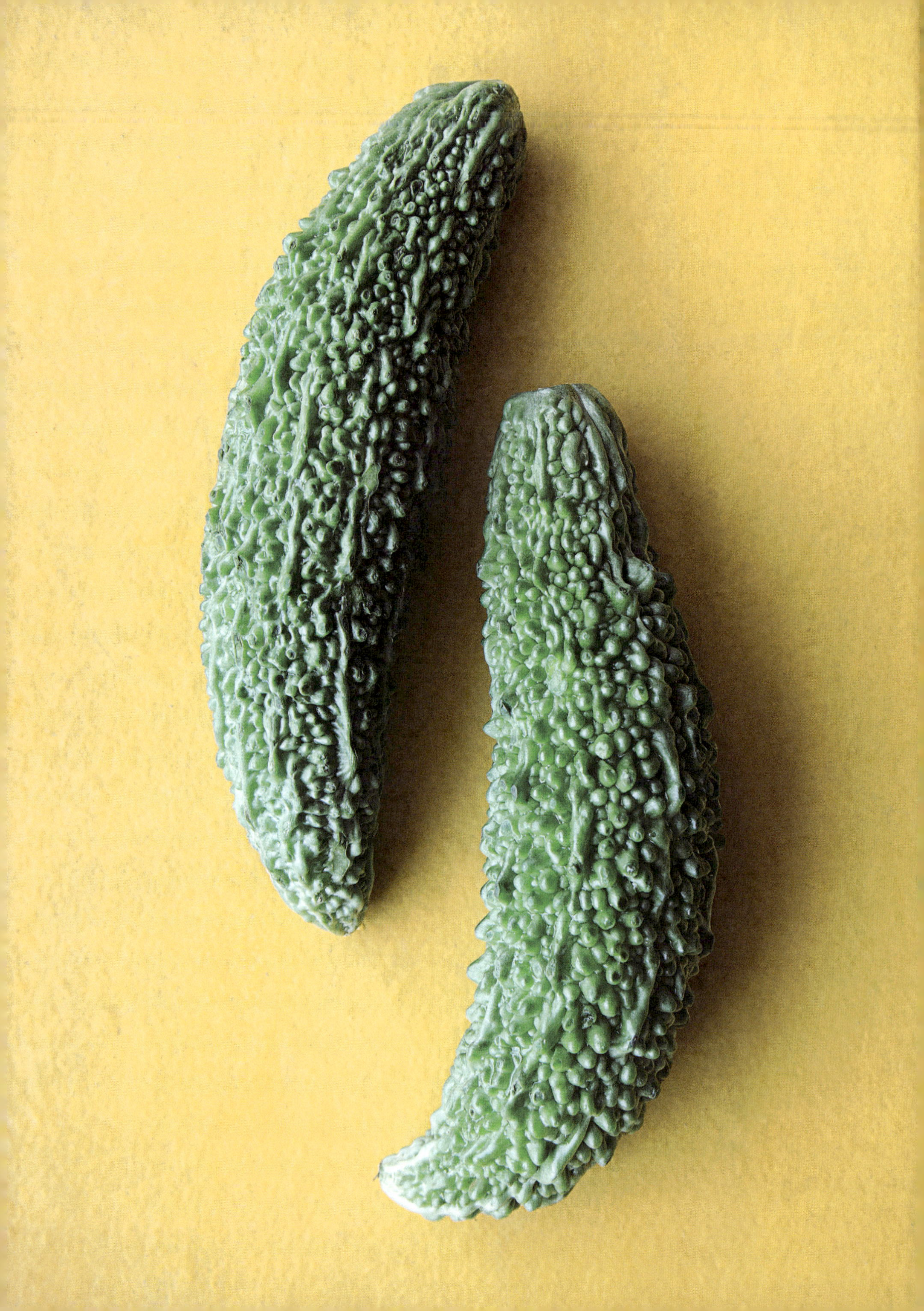

Kurkura karela. कुरकुरा करेला Nigauri crocante

Chamado no Brasil de nigauri, goya ou melão-de-são-caetano, a karela é um vegetal amargo com aparência de pepino enrugado. Típico na culinária indiana, é difícil de ser encontrado por aqui. Uma opção certeira são feiras e mercados de produtos orientais. Quanto mais tostado, menor será o amargor, mascarado pela caramelização dos açúcares da receita. Combina com acompanhamentos que suavizam seu sabor: naan, paratha (p. 85), arroz basmati (p. 31), daal (p. 25), raita (p. 103) e chutney de manga. Uma alternativa mais suave e fácil de encontrar no Brasil é o maxixe.

Tempo de preparo: 35 minutos | Serve 4 pessoas

4 nigauris grandes
3 dentes de alho
1 ½ colher (sopa)/ 20 g de gengibre ralado
½ xícara (chá)/ 120 ml de óleo vegetal
1 colher (chá)/ 4 g de pimenta-do-reino moída
2 colheres (chá)/ 2 g de coentro em grãos
3 colheres (chá)/ 9 g de sementes de cominho
1 colher (sopa)/ 6 g de garam masala
½ colher (chá)/ 3 g de sal refinado

1. Corte os nigauris em rodelas bem finas. Pique o alho e o gengibre em pedaços pequenos.
2. Aqueça o óleo em uma frigideira e doure o alho e o gengibre.
3. Adicione os temperos secos, mexa bem e acomode as fatias de nigauri, cobrindo-as com os temperos.
4. Frite até ficarem bem tostadas, escuras e crocantes.

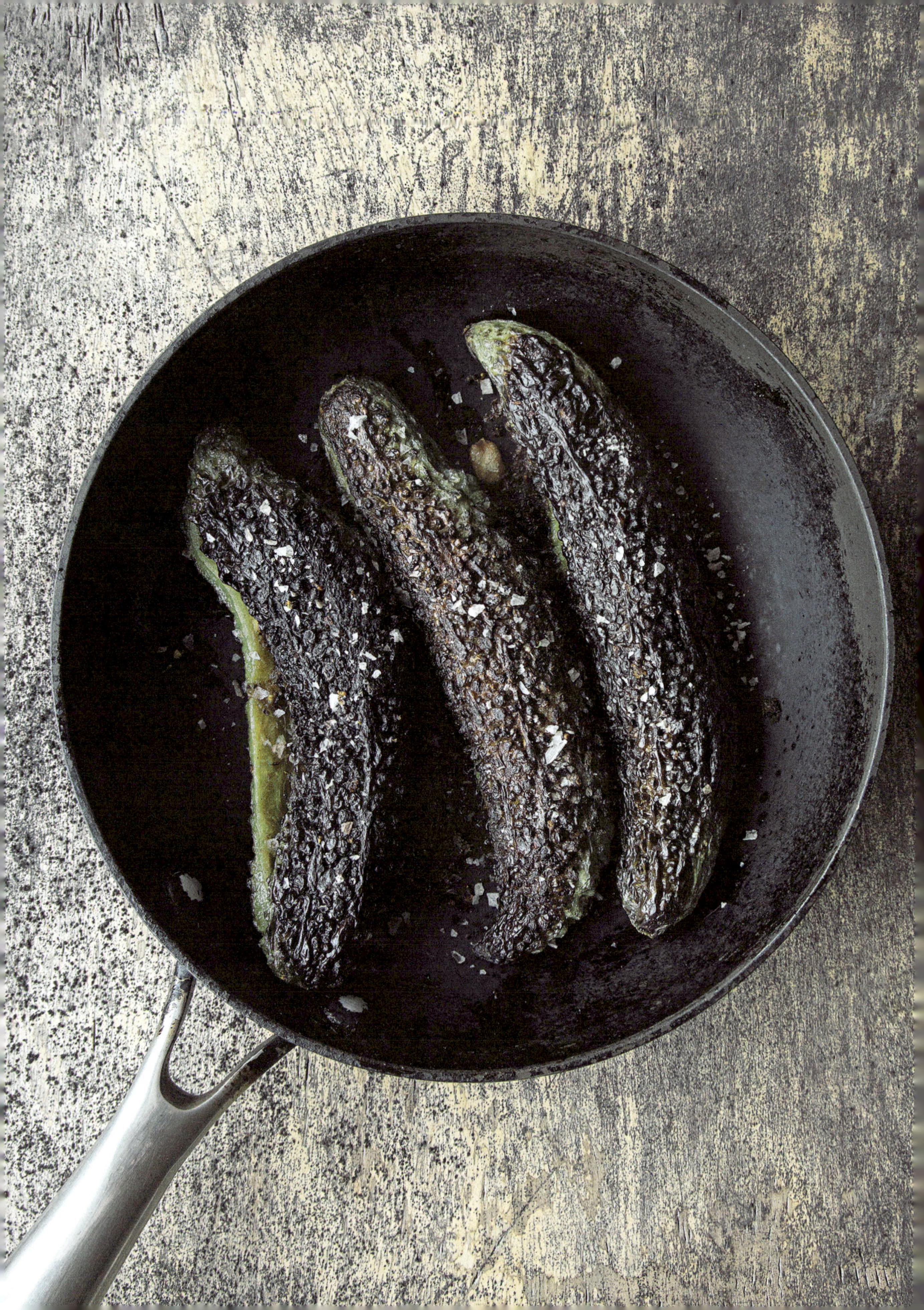

Bharvan karela. भरवां करेला
Nigauri recheado

Esta receita deve ser feita preferencialmente com nigauris pequenos. Quanto mais douradas as cebolas, mais elas vão adoçar a receita, suavizando o amargor do nigauri. Sirva com pães (p. 85), como roti, paratha ou naan; arroz basmati (p. 31); daal (p. 25); raita (p.103); chutney de manga e pimenta ou chutney de hortelã e coentro (p. 101) ou tamarindo.

Tempo de preparo: 60 minutos | Serve 4 pessoas

PARA O RECHEIO:
3 unidades/ 250 g de cebolas médias
1 ½ colher (sopa)/ 20 g de gengibre
3 dentes de alho
¼ xícara (chá)/ 60 ml de óleo vegetal
pimenta vermelha em pó (tipo kashmiri) a gosto
1 colher (chá)/ 4 g de pimenta-do-reino moída
2 colheres (chá)/ 4 g de cúrcuma em pó
2 colheres (chá)/ 2 g de coentro em grãos
3 colheres (chá)/ 9 g de sementes de cominho
1 colher (sopa)/ 6 g de garam masala
1 colher (chá)/ 6 g de sal refinado

PARA O NIGAURI:
12 nigauris pequenos (ou 4 grandes partidos ao meio)
1 xícara (chá)/ 250 ml de óleo vegetal

PREPARO DO RECHEIO:
1. Pique as cebolas, o gengibre e o alho em pedaços. Bata os pedaços no liquidificador até obter uma pasta. Se for preciso, adicione um pouco de água para conseguir a textura desejada.
2. Em uma panela, aqueça ¼ de xícara de óleo. Em fogo médio, adicione a pasta de temperos. Frite até dourar.
3. Salpique o restante dos temperos e cozinhe por 15 minutos, até ficar uniforme.

PREPARO DO NIGAURI:
1. Faça um talho nos nigauris no sentido do comprimento, cortando apenas o suficiente para recheá-los, sem deixar que a faca atravesse e separe as metades.
2. Preencha os nigauris com o recheio.
3. Aqueça o óleo em uma frigideira funda e coloque um pouco de sal.
4. Frite os nigauris recheados até ficarem bem dourados e crocantes. Sirva em seguida.

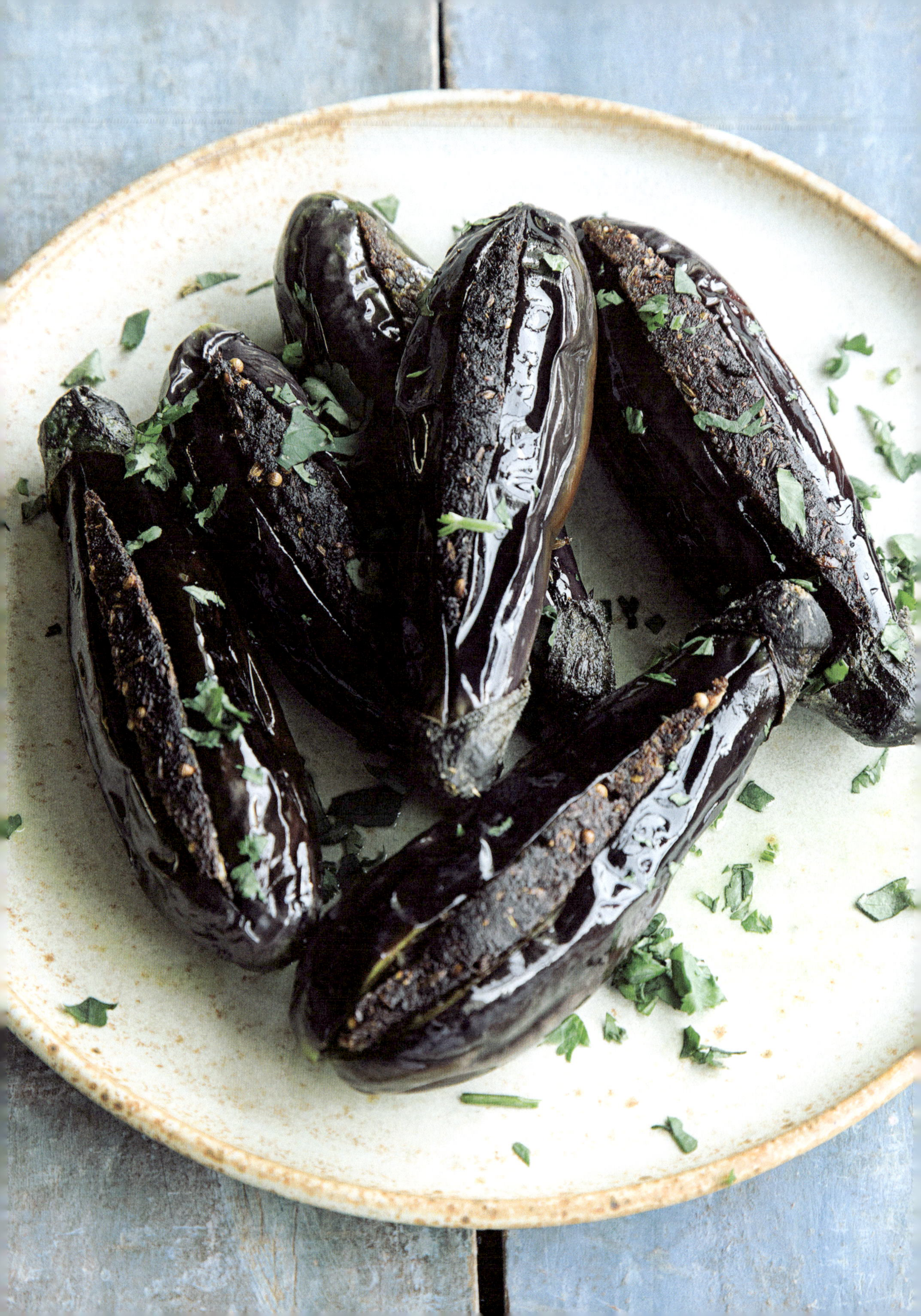

Bharvan baingan. भरवां बैंगन
Berinjela recheada

Para esta receita, dê preferência para as miniberinjelas, em tamanho de conserva. Caso não as encontre, use as berinjelas regulares cortadas em metades, para que o recheio fique bem distribuído. Sirva com pães, como o roti (p. 89), arroz basmati (p. 31), iogurte, raita (p. 103) e chutney de manga.

Tempo de preparo: 60 minutos | Serve 4 pessoas

PARA O RECHEIO:
3 unidades/ 250 g de cebolas médias
3 dentes de alho
1 ½ colher (sopa)/ 20 g de gengibre
¼ xícara (chá)/ 60 ml de óleo vegetal
pimenta vermelha em pó (tipo kashmiri) a gosto
1 colher (chá)/ 4 g de pimenta-do-reino moída
2 colheres (chá)/ 4 g de cúrcuma em pó
2 colheres (chá)/ 2 g de coentro em grãos
3 colheres (chá)/ 9 g de sementes de cominho
1 colher (sopa)/ 6 g de garam masala
1 colher (chá)/ 6 g de sal refinado
1 colher (sopa)/ 15 g de pasta de tamarindo

PARA AS BERINJELAS:
12 miniberinjelas
1 xícara (chá)/ 250 ml de óleo vegetal
4 colheres (sopa)/ 20 g de folhas de coentro picadas

PREPARO DO RECHEIO:
1. Pique as cebolas, o alho e o gengibre em pedaços pequenos. Bata os pedaços no liquidificador até obter uma pasta. Se necessário, adicione um pouco de água.
2. Aqueça o óleo em uma panela e adicione a pasta. Mantenha o fogo em temperatura média. Frite até dourar.
3. Adicione os temperos restantes e a pasta de tamarindo.
4. Cozinhe por cerca de 15 minutos, até ficar uniforme.

PREPARO DAS BERINJELAS:
1. Corte as berinjelas no sentido do comprimento, fazendo um talho. Corte apenas o suficiente para poder rechear, sem deixar que a faca atravesse a berinjela e separe as metades.
2. Preencha as berinjelas com a pasta cozida.
3. Aqueça o óleo em uma frigideira grande e salpique um pouco de sal e do restante do recheio.
4. Frite as berinjelas no óleo temperado até que fiquem tostadas e com a pele crocante. Decore com as folhas de coentro antes de servir.

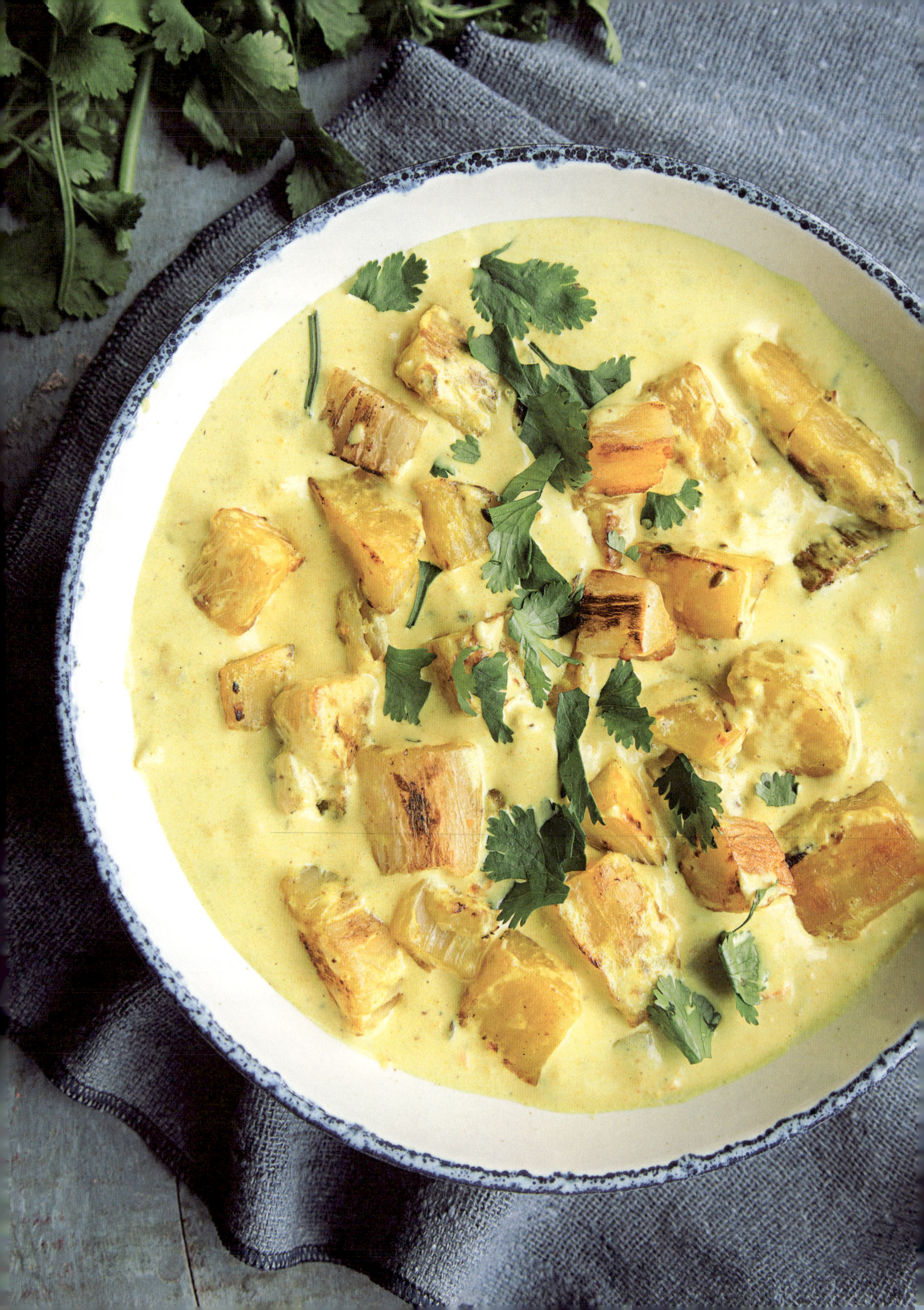

Arbi muglai. अरबी मुगलई
Colocásia muglai

A colocásia é um tipo de inhame popular na Índia, que pode ser substituído aqui por mandioca, e muglai é o estilo culinário da região noroeste da Índia. Neste preparo, o crocante da raiz frita contrasta com a cremosidade do molho à base de creme de leite numa mistura surpreendente para o paladar. Pode ser servido com pães: (p. 85) roti, paratha, naan; com arroz basmati (p. 31); salada de cebola crua com limão e chutney de manga ou de hortelã (p. 101). Uma dica importante: uma vez pronto, não tampe o prato, senão a mandioca crocante pode murchar.

Tempo de preparo: 50 minutos | Serve 4 pessoas

500 g de raiz de colocásia, inhame ou mandioca
2 unidades/ 200 g de cebolas grandes
2 unidades/ 400 g de tomates grandes
2 dentes de alho
2 colheres (sopa) cheias/ 25 g de gengibre
2 colheres (sopa)/ 30 ml de óleo vegetal
pimenta vermelha em pó (tipo kashmiri) a gosto
1 colher (chá)/ 4 g de pimenta-do-reino em grãos
1 colher (chá)/ 4 g de pimenta-do-reino moída

2 colheres (chá)/ 4 g de cúrcuma em pó
2 colheres (chá)/ 2 g de coentro em grãos
3 colheres (chá)/ 9 g de sementes de cominho
1 colher (sopa)/ 6 g de garam masala
8 unidades/ ½ colher (chá) de cravos-da-índia
2 colheres (chá)/ 12 g de sal refinado
½ xícara/ 120 ml de creme de leite
¼ xícara (chá)/ 20 g de folhas de coentro
óleo vegetal para fritar

1. Descasque o inhame ou a mandioca e corte em pedaços médios. Pique as cebolas, os tomates, o alho e o gengibre em pedaços pequenos.
2. Cozinhe a raiz na água, em panela de pressão. Deixe ferver por 5 minutos depois de pegar pressão.
3. Escorra bem toda a água e frite os pedaços em óleo quente até ficarem dourados e bem crocantes.
4. Em uma panela funda, aqueça 2 colheres (sopa) de óleo e refogue as cebolas, os tomates, o alho e o gengibre, juntamente com os temperos.
5. Cozinhe por cerca de 15 minutos em fogo médio, até obter uma pasta.
6. Adicione o creme de leite à panela e cozinhe por 8 minutos em fogo baixo, para que ele absorva o aroma das especiarias.
7. Junte o inhame frito ao creme e misture. Cozinhe por mais 5 minutos e desligue o fogo.
8. Ajuste o sal e salpique o coentro picado antes de servir.

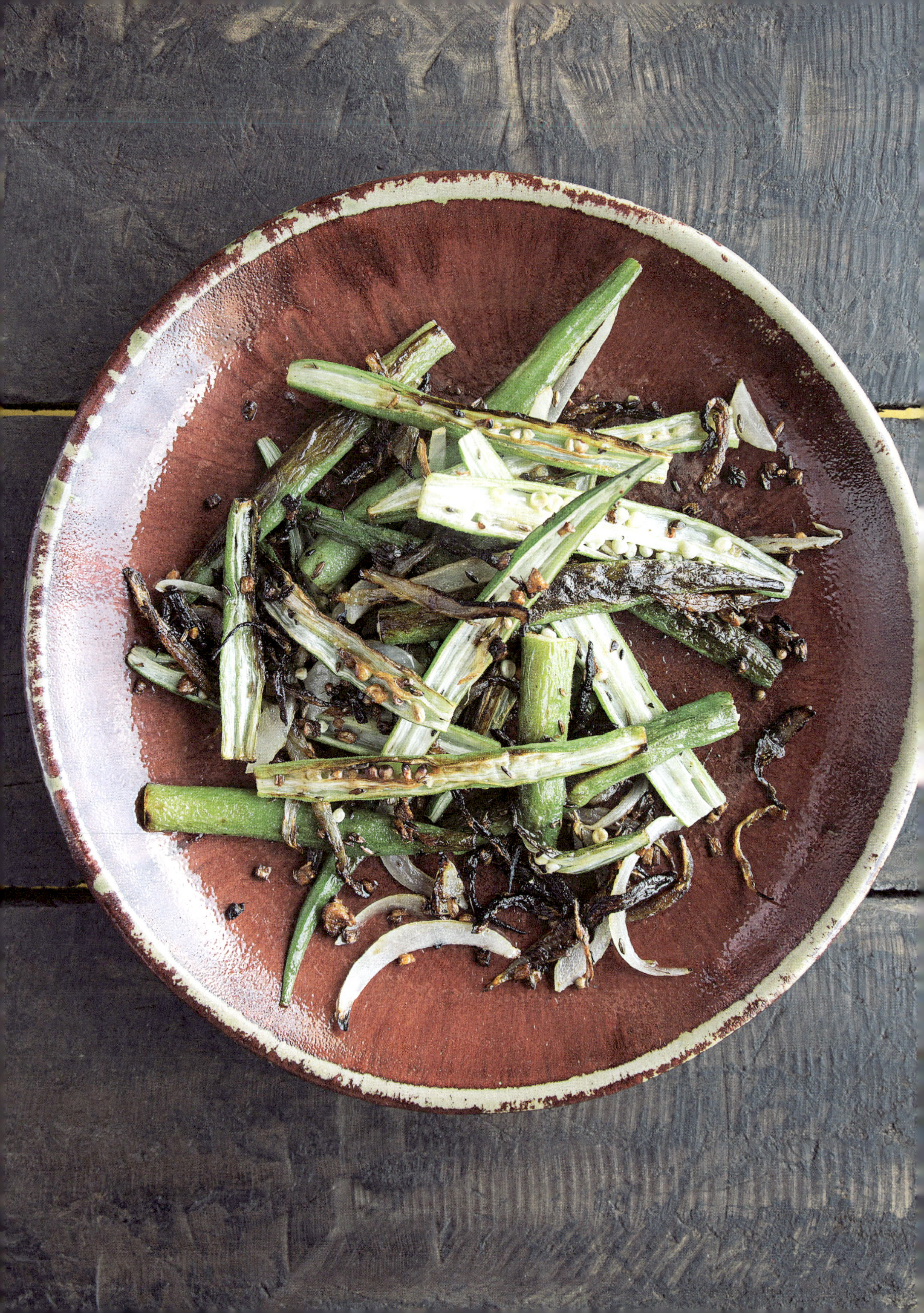

Bhindi pyaaz. भिंडी प्याज
Quiabo refogado com cebola

Quanto mais tostados forem o quiabo e a cebola, mais saborosa fica esta receita. Simples e surpreendente, para comer com pães (p. 85), como roti, paratha ou naan; com daal (p. 25); com iogurte e com chutney de hortelã e coentro (p. 101).

Tempo de preparo: 50 minutos | Serve 4 pessoas

250 g de quiabo
2 unidades/ 400 g de cebolas grandes
1 colher (sopa)/ 15 g de gengibre
2 dentes de alho
⅓ xícara (chá)/ 80 ml de óleo vegetal
1 colher (chá)/ 4 g de pimenta-do-reino em grãos
2 colheres (chá)/ 2 g de coentro em grãos
3 colheres (chá)/ 9 g de sementes de cominho
1 colher (chá)/ 6 g de sal refinado
pimenta vermelha em pó (tipo kashmiri) a gosto
1 colher (chá)/ 4 g de pimenta-do-reino moída
¾ colher (sopa)/ 4 g de garam masala

1. Corte os quiabos e as cebolas em pedaços médios e o gengibre e o alho em pedaços pequenos.
2. Aqueça o óleo em uma frigideira em fogo médio. Adicione o alho e o gengibre e refogue até dourar, tomando cuidado para não queimar.
3. Adicione a pimenta em grãos, o coentro e o cominho e mexa por 2 minutos.
4. Junte a cebola e o sal e refogue até dourar bem.
5. Inclua os quiabos, mexa e salpique as pimentas em pó e o garam masala.
6. Deixe cozinhar por cerca de 15 minutos, ou até o quiabo tostar. Se preferir o quiabo crocante, mantenha a frigideira aberta. Se gostar de uma textura macia, tampe.

SNACK CORNER

Fica ali ao lado da Barbearia Republica, não muito longe de um decadente restaurante com o nome improvável de Ding & Dong. "*Visit for seafood*", anuncia a pintura na porta, convidando os passantes a provar uma das melhores cozinhas de frutos do mar de Goa.

Antes de chegar ao *snack bar*, onde eu queria experimentar uma pimenta empanada, um beco sequestrou meu olhar. Era um beco mesmo, um pouco deslocado geograficamente: o que aqueles azulejos estavam fazendo ali, à beira do oceano Índico? Portugal, claro, era a conexão. Mas, por mais que a gente tenha lido sobre a história das navegações, é surpreendente encontrar, naquele canto do mundo, uma parede do tipo — não só pelos próprios azulejos, mas também pelo requinte da decoração de alguns deles, em especial o que mostrava um fadista na frente de uma "casa de pasto" (na rua da Saudade), com a adorável legenda: "Goa — Serenata".

Como a fome era mais poderosa que a lembrança lusitana, atravessei a esquina e cheguei então à vitrine com as ofertas do dia daquele *snack bar* — instituição urbana em toda a Índia, eles são a base da alimentação do dia a dia. Era um feriado (católico, claro), então o movimento estava fraco. Mas, por sorte, ainda tinham sobrado algumas pimentas verdes recheadas com uma pasta levemente adocicada e cobertas com uma fina manta de farinha. No prato de metal em que fui servido, um caldo ralo e também apimentado completava o sabor incrível daquele lanche fora de hora, que restaurava a energia para seguir passeando pelas ruas vazias de Panaji, só admirando as fachadas ao sol: Decent Tailors, Mandovi Traders, Loja Camotá — Tintas, Ferros etc.

CASA DE MORADA
GOMES PEREIRA
1831

E-245
TRAVESSA
DE
MAGRIÇO

Vivenda
Pacheco

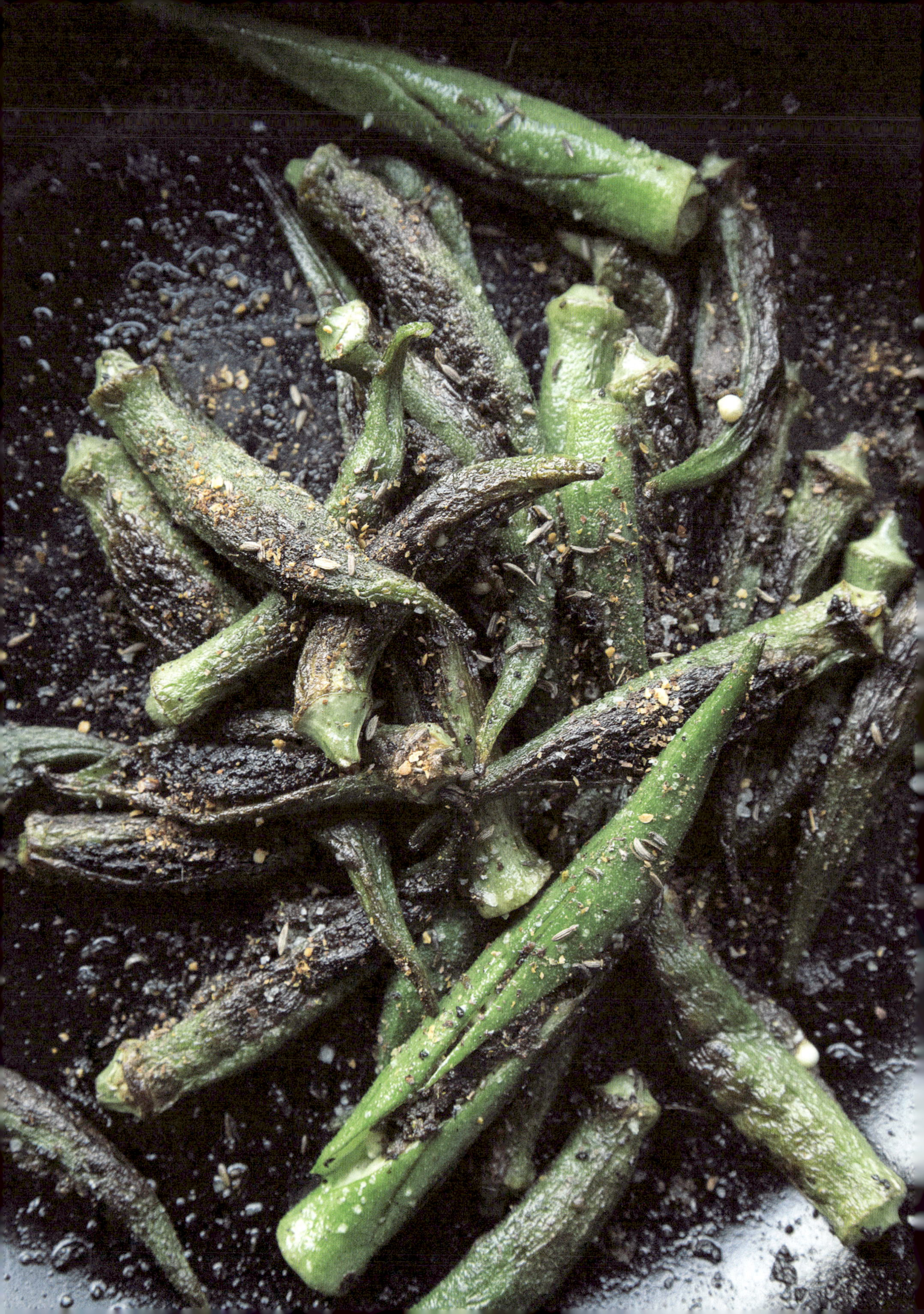

Bharvni bhindi. भरवीं भिंडी
Quiabo recheado

Um acompanhamento para qualquer tipo de refeição. Pode ser servido com pães (p. 85), como roti, paratha e naan; daal (p. 25), raita (p. 103) ou chutney de manga.

Tempo de preparo: 60 minutos | Serve 4 pessoas

PARA O RECHEIO:
2 unidades/ 150 g de cebolas médias
2 dentes de alho
1 colher (sopa)/ 15 g de gengibre
½ colher (sopa)/ 10 g de pasta de tamarindo
¼ xícara (chá)/ 60 ml de óleo vegetal
pimenta vermelha em pó (tipo kashmiri) a gosto
1 colher (chá)/ 4 g de pimenta-do-reino moída
2 colheres (chá)/ 4 g de cúrcuma em pó
2 colheres (chá)/ 2 g de coentro em grãos
3 colheres (chá)/ 6 g de cominho em pó
¾ colher (sopa)/ 4 g de garam masala
1 colher (chá)/ 6 g de sal refinado

PARA O QUIABO:
300 g de quiabo
1 xícara (chá)/ 250 ml de óleo vegetal

PREPARO DO RECHEIO:
1. Pique as cebolas, o alho e o gengibre. Bata os pedaços no liquidificador até obter uma pasta. Se necessário, adicione um pouco de água para atingir a textura desejada.
2. Aqueça o óleo em uma panela, adicione a pasta e frite em fogo médio até dourar.
3. Adicione o restante dos temperos e a pasta de tamarindo.
4. Cozinhe por 15 minutos, até ficar homogêneo.

PREPARO DO QUIABO:
1. Faça um corte superficial nos quiabos, no sentido do comprimento. Corte apenas o necessário para rechear, sem danificar a base do quiabo.
2. Preencha os quiabos com a pasta de temperos.
3. Aqueça o óleo em uma frigideira grande, adicione um pouco de sal.
4. Frite os quiabos no óleo até estarem tostados e crocantes.

PÃES
रोटियां

FIM DE TARDE EM MUMBAI

Uma tarde no centro de Mumbai pode ser mais exaustiva que uma sessão de treino funcional! O calor, os milhares de pessoas em volta, a falta de ordem, as luzes e os brilhos — tudo colabora para a confusão mental. Passeando pelo Portal da Índia, você até tenta se imaginar neste lugar tão poderoso sem ninguém em volta. Ao cruzar o preguiçoso controle de metais na entrada, por alguns segundos você olha aquele imenso arco e acha que é só seu... até as primeiras crianças virem correndo entre suas pernas, as famílias que foram só tirar fotos resolverem fazer um lanchinho ali mesmo e os grupos de estudantes começarem sua série de indistinguíveis selfies. A grande promenade ali ao lado, ao longo do famoso Taj Hotel, é uma promessa de sossego. Ali você sente um real impulso de contemplação daquela paisagem tão líquida numa terra tão seca. Mas logo as carroças enfeitadas vão acendendo seu neon e, à medida que a luz diminui, o movimento aumenta. A saída então é ir para trás do próprio Taj, procurar ruas pequenas, deixar o olfato levá-lo para um canto onde um dia você lembra de ter comido um dos melhores kebabs da sua vida. Seguindo a intuição, de repente você vê o letreiro iluminado: BADEMIYA — SEEKH KABABS. Só que, em vez do lugar simples que você tinha guardado na memória, o que se vê agora são três quiosques enormes, fora o restaurante. Curiosamente, muitos clientes se aglomeram em torno do local, retirando os pratos e comendo sobre o capô dos carros. O sistema de fazer um pedido parece indecifrável para o visitante — mesmo um reincidente. E você fica à mercê da generosidade de um garçom que possa anotar seu pedido — e aparentemente se esquecer de você pelos vinte minutos seguintes. Mas aí começa a chegar a comida, com destaque para o pão indiano, que você enrola ao redor dos outros quitutes para degustar. E mastigando com vontade você enfim descansa...

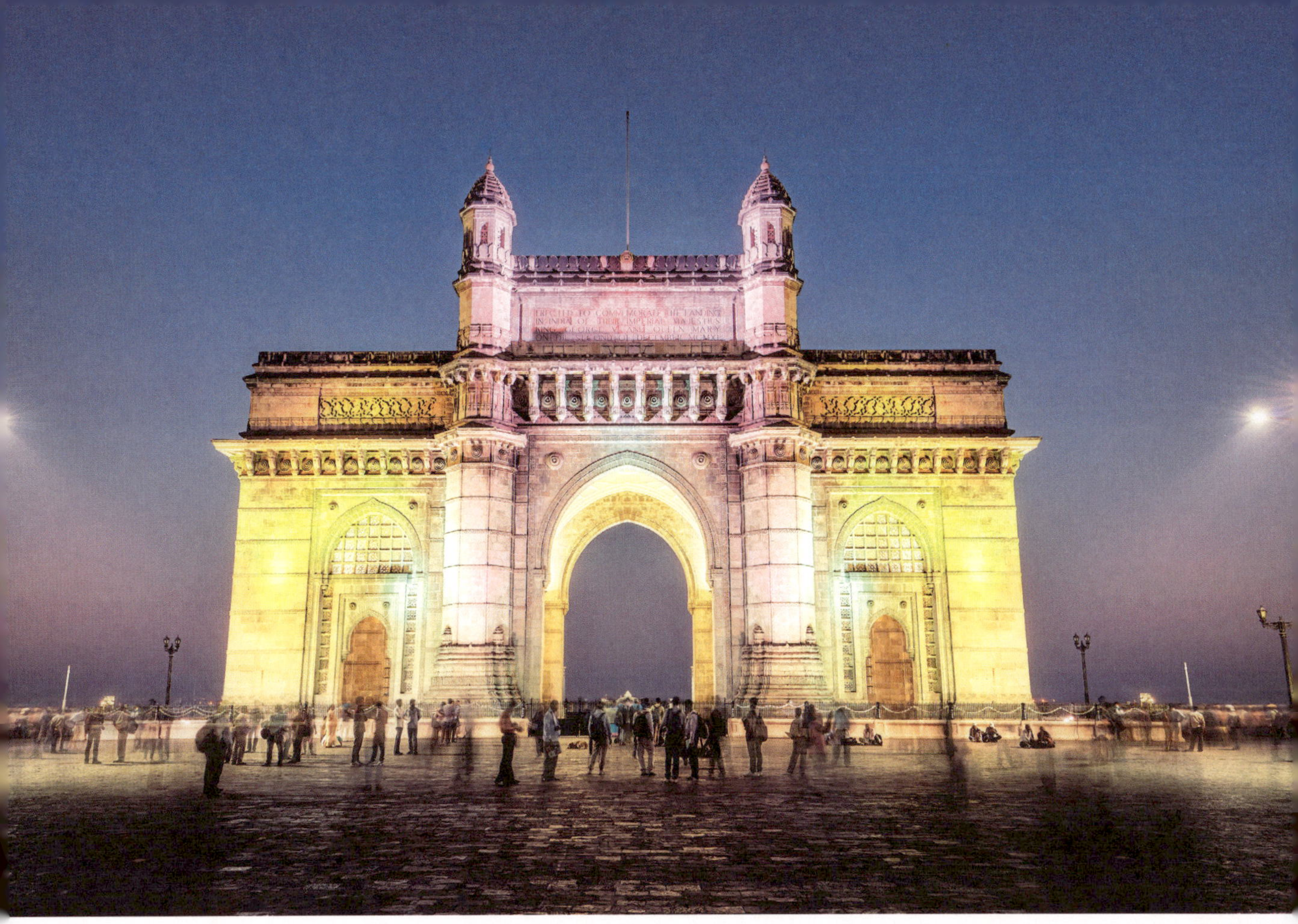

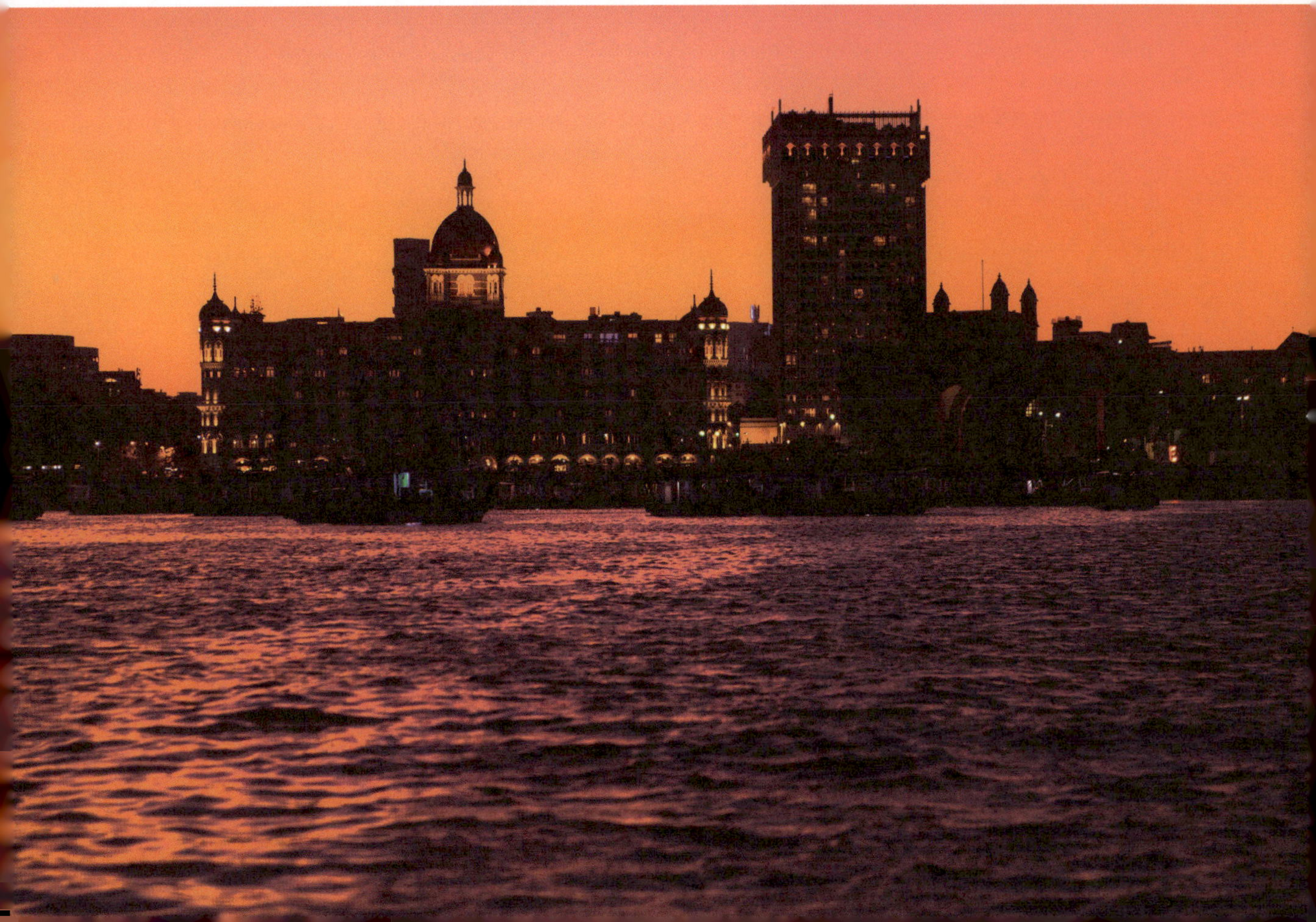

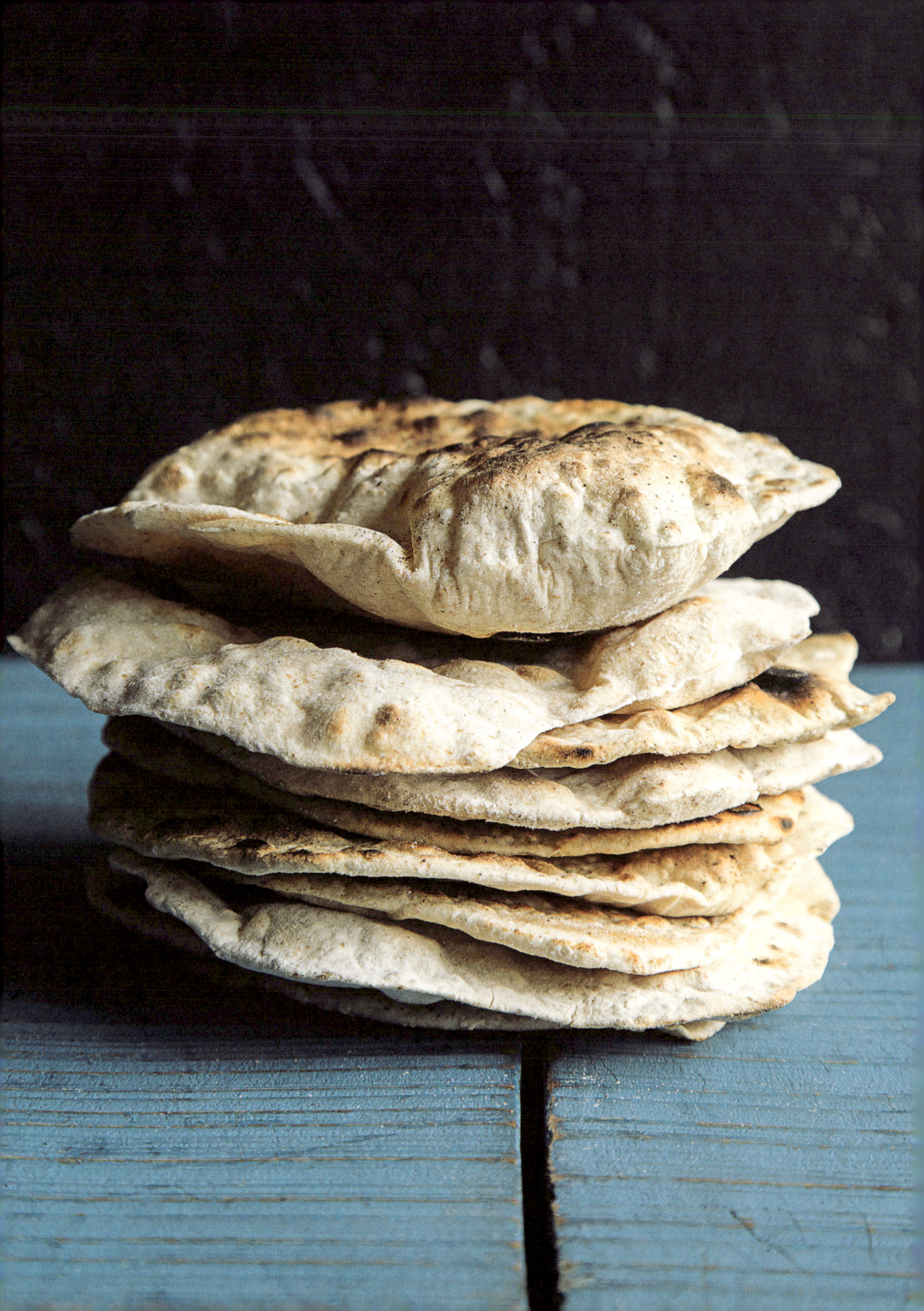

Roti. रोटी

Um pão achatado, feito sem levedura ou fermento. Quando bem sovado, estufa ao ser aquecido, formando um miolo oco que pode acomodar chutneys e outros alimentos na hora de servir. Pode ser feito com a farinha indiana atta ou com uma mistura de 50% de farinha de trigo branca e 50% de farinha de trigo integral. É um bom acompanhamento para todas as receitas e refeições.

Tempo de preparo: 40 minutos | Rende de 6 a 10 pães | Serve 4 pessoas

1 ½ xícara (chá)/ 225 g de farinha (atta ou 50% trigo integral e 50% trigo branca)
½ colher (chá)/ 3 g de sal refinado
água

1. Em uma tigela, peneire a farinha junto com o sal. Mexa bem, formando uma farofa fina.
2. Adicione água aos poucos, amassando, até que a farinha se junte, sem que a massa fique grudenta. Sove, apertando e esticando a massa, até que fique macia e elástica. Cubra com um pano ou filme plástico e deixe descansar por 20 minutos.
3. Divida a massa em 6 pedaços. Forme esferas em uma superfície enfarinhada e abra os pães com um rolo até ficarem bem finos (cerca de 2 mm).
4. Esquente uma frigideira (não é necessário untar). Coloque um disco de massa por vez, aquecendo cada lado da massa por cerca de 40 segundos, ou até dourar. Sirva em seguida.

KEBAB

Ser um aventureiro em busca dos mais deliciosos sabores da Índia foi, muitas vezes, um grande desafio: se as ruas da Velha Delhi já são um labirinto durante o dia, imagine como é se orientar por elas durante a noite! Sorte que Tuli estava comigo — e o desafio, então, era não me perder dele. E não uso essa palavra de forma figurada: as distrações eram tantas que várias vezes eu me esquecia de olhar para ele, que andava rápido no meio da multidão. Eu já estava com fome, e a quantidade de barracas exalando o aroma perfumado das frituras era capaz de abrir qualquer apetite!

Meu primeiro impulso era querer experimentar tudo — independentemente do que fosse. Comida de rua é sempre uma tentação, e, se você tem algum bloqueio com relação à higiene, aquele óleo fumegante está lá para tranquilizá-lo. Ou não... Mas, como eu dizia, não eram apenas os cheiros — e a promessa dos sabores por trás deles — que roubavam a minha atenção. Ali vende-se de tudo, de temperos a galochas, e não é incomum ver espetinhos de peixe dividindo o mesmo espaço com um saldão de calçados (nem sempre novos...).

Tudo aquilo eu tinha que registrar depressa, porque o objetivo era chegar ao "melhor kebab de Nova Delhi" — palavras do Tuli. Seguimos por mais umas ruelas e finalmente encontramos o Karim, uma lenda na cidade que consome pouca carne. Um pequeno exército cuidava de preparar os pães que acompanhavam os kebabs. Tudo de uma simplicidade comovente. E o sabor era tão estupendo que, se eu esquecesse o caminho de volta para casa, ficaria feliz de comer ali para o resto da vida...

dastarkhwan-e-
KARIM
http://www.karimhoteldelhi.com
168/2, Hzt. Nizamuddin West, New Delhi-13

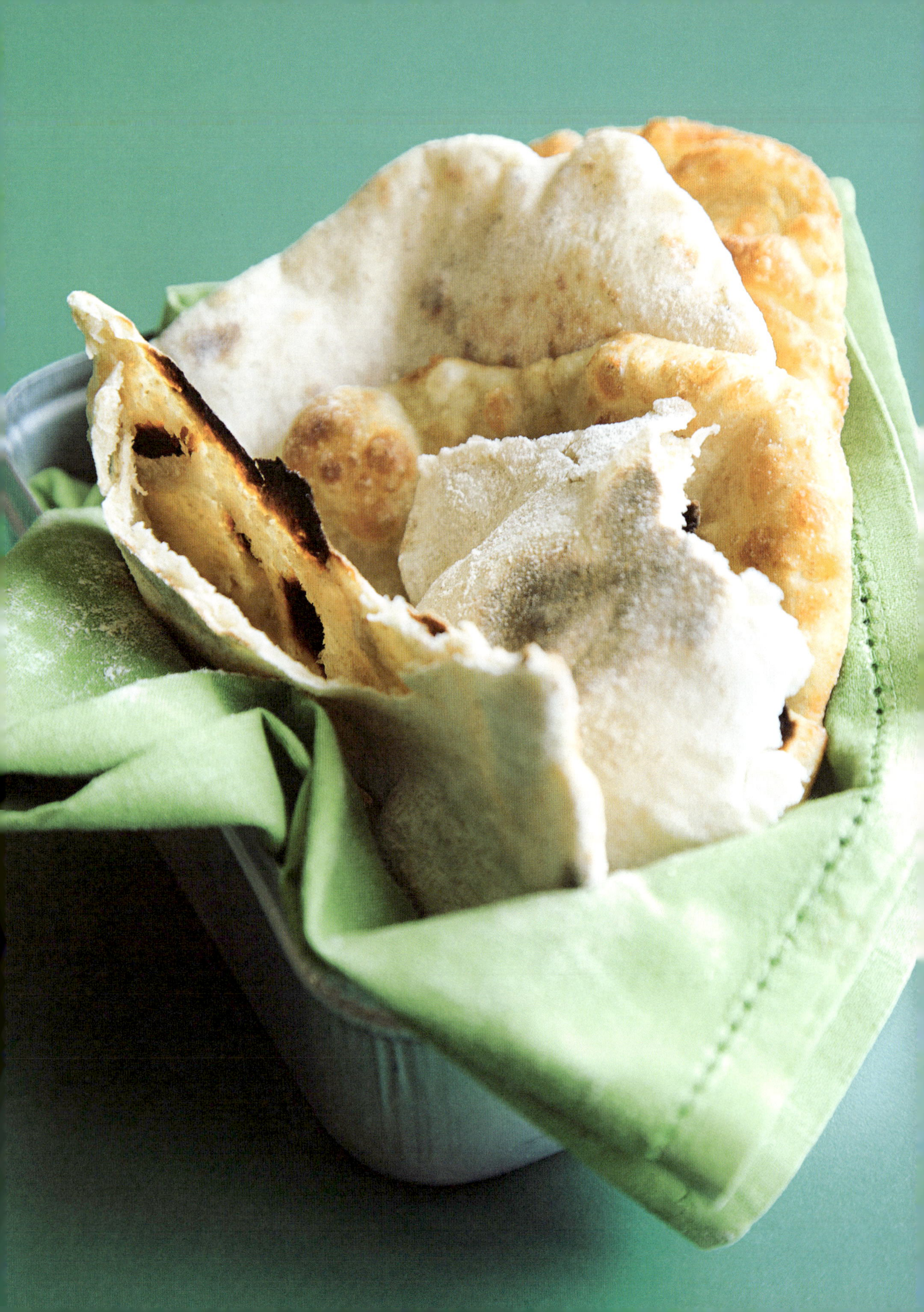

Naan. नान

Geralmente assado nos fornos tandoor feitos de barro, este pão pode ser reproduzido em casa na frigideira ou no forno convencional. O fermento industrializado pode ser substituído por 50 g de iogurte caseiro, mas demandará um tempo maior de fermentação da massa, que deverá ser deixada em descanso da noite para o dia. É um bom acompanhamento para malai kofta (p. 37), daal (p. 25), chole punjabi (p. 29), arbi muglai (p. 77), raita (p. 103) e aam achar (picles de manga).

Tempo de preparo: 50 minutos | Rende cerca de 8 pães | Serve 4 pessoas

3 ½ xícaras (chá)/ 500 g de farinha de trigo branca
1 colher (sopa)/ 12 g de açúcar
½ colher (sopa)/ 5 g de fermento biológico seco,
    ou 1 tablete/ 15 g de fermento biológico fresco
¼ colher (chá)/ 1,5 g de sal refinado
água morna
ghee ou manteiga para pincelar
gergelim ou parmesão ralado para salpicar (opcionais)

1. Misture 1 colher (sopa) da farinha, o açúcar, o fermento e 4 colheres (sopa) de água morna. Deixe descansar 15 minutos para ativar o fermento. A mistura deverá formar bolhas (caso contrário, é sinal de que o fermento não está ativo, então você deve substituí-lo).
2. Faça um monte com a farinha, salpique o sal e despeje no centro a mistura de fermento. Misture bem.
3. Sove a massa, esticando e amassando. Acrescente uma colher (sopa) de água morna por vez, sovando até obter uma massa macia, lisa e homogênea, que não grude nas mãos.
4. Cubra a massa com um pano ou filme plástico e deixe crescer até dobrar de tamanho.
5. Divida a massa em 8 pedaços e abra-os em superfície enfarinhada com a ajuda de um rolo. Segure com uma mão um dos lados da massa e puxe o outro com o rolo, dando ao pão um formato oval, como uma gota.
6. Pincele a manteiga ou o ghee na massa e disponha numa assadeira com certa distância entre os pães, para acomodar o crescimento ocorrido ao assar. Caso deseje, salpique gergelim ou parmesão ralado sobre a manteiga.
7. Asse os pães em forno preaquecido em temperatura média por 15 a 20 minutos, ou até estarem levemente dourados por fora e macios por dentro. Se desejar, vire os pães na metade do tempo para que os dois lados fiquem dourados. Sirva assim que saírem do forno.

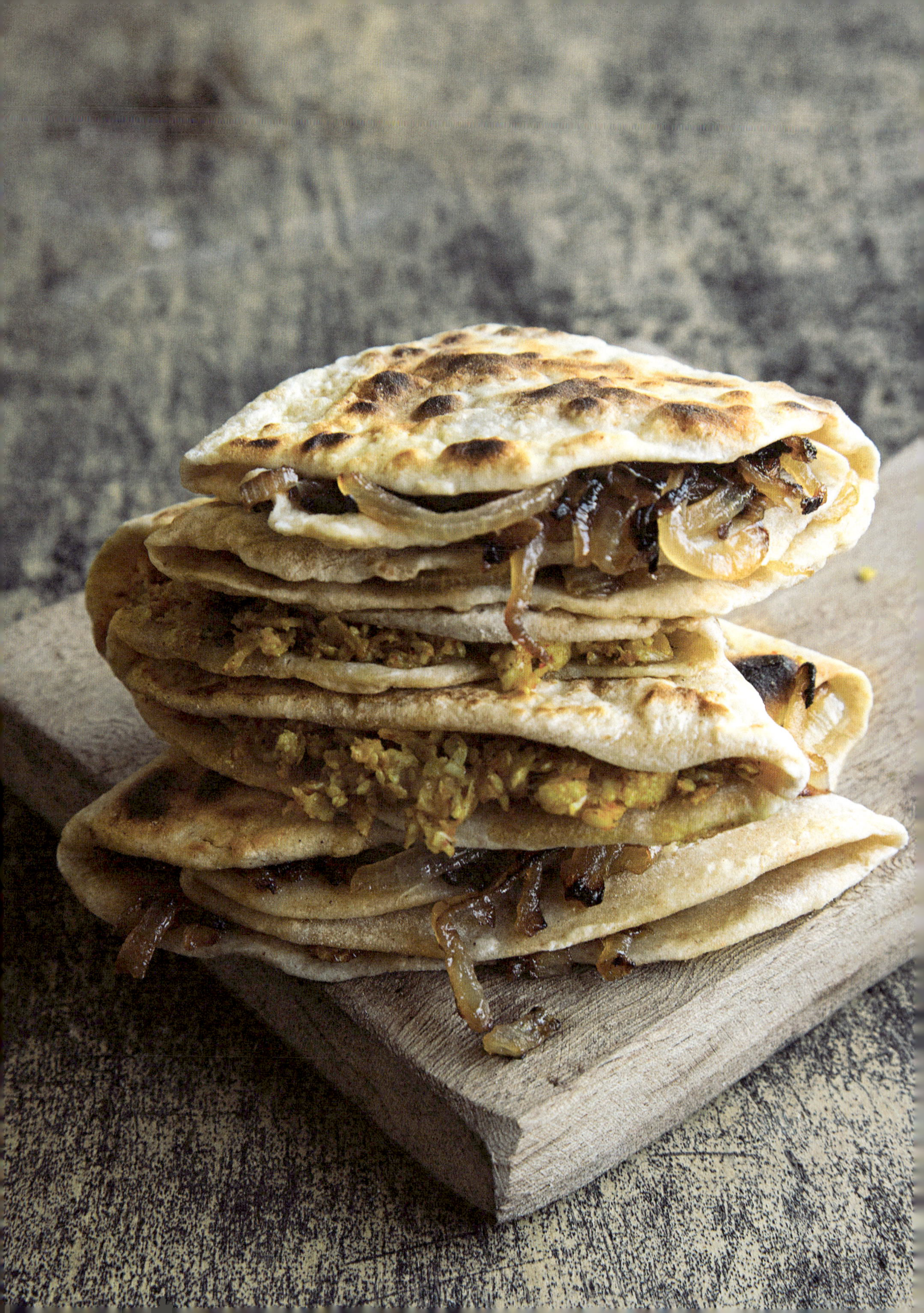

Paratha. पराठा

As parathas são pães ázimos — não fermentados —, untados com óleo ou manteiga clarificada (ghee) para uma textura folhada. Podem ser recheados com diversos ingredientes e fritos em pequena quantidade de óleo ou manteiga. São servidos com chutneys (de manga ou de hortelã e coentro, p. 101), manteiga, iogurte, daal preto, aam achar (picles de manga). Também combinam com chai indiano (p. 117) e lassi (p. 113).

Tempo de preparo: cerca de 40 minutos | Rende cerca de 8 pães | Serve 4 pessoas

MASSA BÁSICA:
1 ½ xícara (chá)/ 225 g de farinha (atta ou 50% trigo integral e 50% trigo branca)
½ colher (chá)/ 3 g de sal refinado
água morna
ghee ou óleo vegetal para pincelar
óleo vegetal ou manteiga para fritar

1. Misture a farinha e o sal. Adicione água morna aos poucos, amassando para incorporar à farinha.
2. Sove até obter uma massa lisa, macia e que não grude nos dedos. Cubra e deixe descansar por 20 minutos.
3. Divida a massa em pequenas esferas.
4. Em superfície com farinha, abra um círculo de massa com um rolo. Pincele o ghee por toda a massa e dobre ao meio duas vezes, formando um triângulo. Abra essa mesma massa até ficar fina (cerca de 3 mm).
5. Leve à frigideira ou a uma chapa aquecida. Doure um lado, vire a massa, unte com o ghee e adicione o recheio, se for usar. Dobre em triângulo como na foto. Em seguida, feche a massa por completo, para que o recheio fique selado, e termine de dourar. Sirva em seguida.

VARIAÇÕES SUGERIDAS:

ALOO PARATHA. PARATHA DE BATATA
1 receita de massa para paratha
2 unidades/ 300 g de batatas médias
½ unidade/ 40 g de cebola média picada
1 colher (chá)/ 3 g de gengibre ralado
¼ colher (chá)/ 1 g de pimenta-do-reino moída
½ colher (chá)/ 0,5 g de cominho em pó
½ colher (chá)/ 0,5 g de coentro em pó
pimenta vermelha em pó (tipo kashmiri) a gosto
sal refinado a gosto
ghee para untar

1. Cozinhe as batatas, descasque e amasse como purê.
2. Misture às batatas a cebola picada e os temperos.
3. Abra os pães conforme a descrição da massa básica. Coloque o disco de massa em frigideira aquecida, unte com ghee e adicione um pouco do recheio. Dobre a massa ao meio e em triângulo. Sirva em seguida.

ANDA PARATHA. PARATHA DE OVOS BATIDOS
1 receita de massa para paratha
2 ovos médios
¼ colher (chá)/ 1 g de pimenta-do-reino moída
½ colher (chá)/ 0,5 g de cominho em pó
½ colher (chá)/ 0,5 g de coentro em pó
pimenta vermelha em pó (tipo kashmiri) a gosto
sal refinado a gosto

1. Bata os ovos com os temperos e reserve.
2. Abra a massa conforme as instruções da massa básica. Coloque o disco de massa na frigideira, apertando o centro para levantar as bordas.
3. Despeje um pouco do recheio de ovo. Quando começar a firmar, dobre ao meio. Doure dos dois lados, dobre novamente e sirva em seguida.

GOBI PARATHA. PARATHA DE COUVE-FLOR

1 receita de massa para paratha
½ unidade de couve-flor
1 colher (chá)/ 3 g de gengibre ralado
¼ colher (chá)/ 1 g de pimenta-do-reino moída
½ colher (chá)/ 0,5 g de cominho em pó
½ colher (chá)/ 0,5 g de coentro em pó
pimenta vermelha em pó (tipo kashmiri) a gosto
sal refinado a gosto
ghee para untar

1. Rale a couve-flor e misture com o gengibre e os temperos. Reserve.
2. Abra a massa conforme as instruções da receita básica. Adicione um pouco do recheio nos discos antes de colocá-los um a um na frigideira aquecida e untada com ghee. Dobre e doure dos dois lados. Dobre novamente e sirva em seguida.

MOOLI PARATHA. PARATHA DE RABANETE BRANCO

1 receita de massa para paratha
1 rabanete branco grande (ou 4 pequenos vermelhos)
1 colher (chá)/ 3 g de gengibre ralado
¼ colher (chá)/ 1 g de pimenta-do-reino moída
½ colher (chá)/ 0,5 g de cominho em pó
½ colher (chá)/ 0,5 g de coentro em pó
pimenta vermelha em pó (tipo kashmiri) a gosto
sal refinado a gosto
ghee para untar

1. Rale o rabanete, misture com um pouco de sal e deixe escorrer por 15 minutos. Esprema bem antes de usar para retirar o excesso de líquido.
2. Misture o rabanete escorrido com o gengibre e os temperos secos.
3. Abra a massa conforme as instruções da receita básica. Adicione um pouco do recheio nos discos antes de colocá-los um a um na frigideira aquecida e untada com ghee. Dobre a massa ao meio, doure dos dois lados e dobre novamente. Sirva quente.

NAMKEEN PARATHA. PARATHA DE SAL

1 receita de massa para paratha
¼ colher (chá)/ 1 g de pimenta-do-reino moída
½ colher (chá)/ 0,5 g de cominho em grãos
½ colher (chá)/ 0,5 g de coentro em grãos
pimenta vermelha em pó (tipo kashmiri) a gosto
sal refinado a gosto
ghee para untar

1. Abra a massa pronta em um grande círculo. Espalhe os temperos sobre a massa e enrole como um rocambole.
2. Divida a massa em 8 ou 10 pequenas esferas.
3. Em uma superfície enfarinhada, abra com um rolo cada um dos pedaços. Pincele o ghee nos círculos de massa e dobre cada um ao meio duas vezes, formando um triângulo e intercalando camadas de massa untada e massa seca. Passe o rolo novamente até a massa ficar fina (cerca de 3 mm).
4. Leve à frigideira ou chapa aquecida. Doure um lado, vire a massa, unte com o ghee e dobre duas vezes, formando um triângulo. Sirva em seguida.

PANEER PARATHA. PARATHA DE RICOTA

1 receita de massa para paratha
½ unidade/ 40 g de cebola média ralada
¾ xícara (chá)/ 150 g de ricota firme
¼ colher (chá)/ 1 g de pimenta-do-reino moída
½ colher (chá)/ 0,5 g de cominho em pó
½ colher (chá)/ 0,5 g de coentro em pó
pimenta vermelha em pó (tipo kashmiri) a gosto
sal refinado a gosto
ghee para untar

1. Amasse a ricota e misture com a cebola ralada e os temperos.
2. Abra os discos de massa conforme as instruções da receita básica.
3. Adicione um pouco do recheio nos discos antes de colocá-los um a um na frigideira aquecida e untada com ghee. Dobre a massa e deixe dourar dos dois lados. Dobre novamente a massa e sirva.

PYAAZ PARATHA. PARATHA DE CEBOLA

1 receita de massa para paratha
1 unidade/ 100 g de cebola grande fatiada
¼ colher (chá)/ 1 g de pimenta-do-reino moída
½ colher (chá)/ 0,5 g de cominho em grãos
½ colher (chá)/ 0,5 g de coentro em grãos
pimenta vermelha em pó (tipo kashmiri) a gosto
sal refinado a gosto
ghee para pincelar a massa

1. Corte a cebola em fatias bem finas.
2. Abra a massa conforme as instruções da receita básica, formando as camadas folhadas. Ao adicionar o ghee aos discos, coloque também um pouco da cebola fatiada, dobrando a massa sobre ela e abrindo com o rolo novamente.
3. Aqueça uma frigideira e doure os discos um a um, pincelando com ghee antes de dobrar ao meio, formando os triângulos. Sirva ainda quentes.

MOLHOS

चटनी और रायता

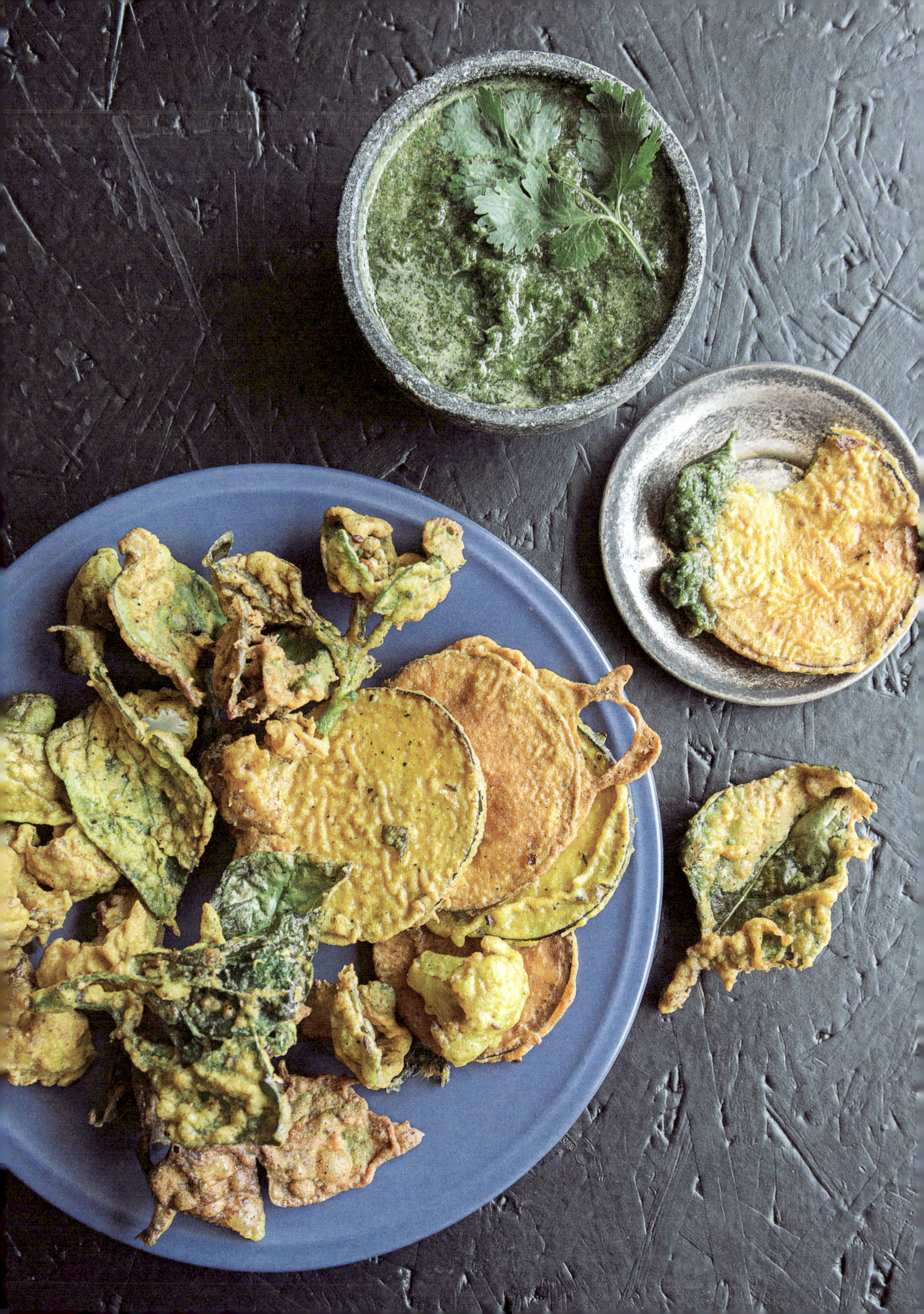

Pudina dhania chutney.
पुदीना धनिया चटनी
Chutney de hortelã e coentro

Um molho versátil que acompanha todos os preparos e refeições. Até mesmo puro, só com pão, é ótimo.

Tempo de preparo: 10 minutos | Serve 4 pessoas

½ maço de folhas de hortelã
¼ maço de folhas de coentro
½ unidade/ 40 g de cebola média
1 dente de alho
1 colher (chá)/ 3 g de gengibre
1 limão espremido
pimenta vermelha em pó (tipo kashmiri) a gosto
½ colher (chá)/ 2 g de pimenta-do-reino moída
2 colheres (chá)/ 2 g de cominho em pó
½ colher (chá)/ 3 g de sal refinado

1. Pique a cebola e o alho em pedaços bem pequenos. Rale o gengibre.
2. Coloque os temperos picados e o restante dos ingredientes no liquidificador.
3. Acrescente um pouco de água, usando quantidade suficiente apenas para bater, mantendo a textura espessa.
4. Sirva ou guarde na geladeira.

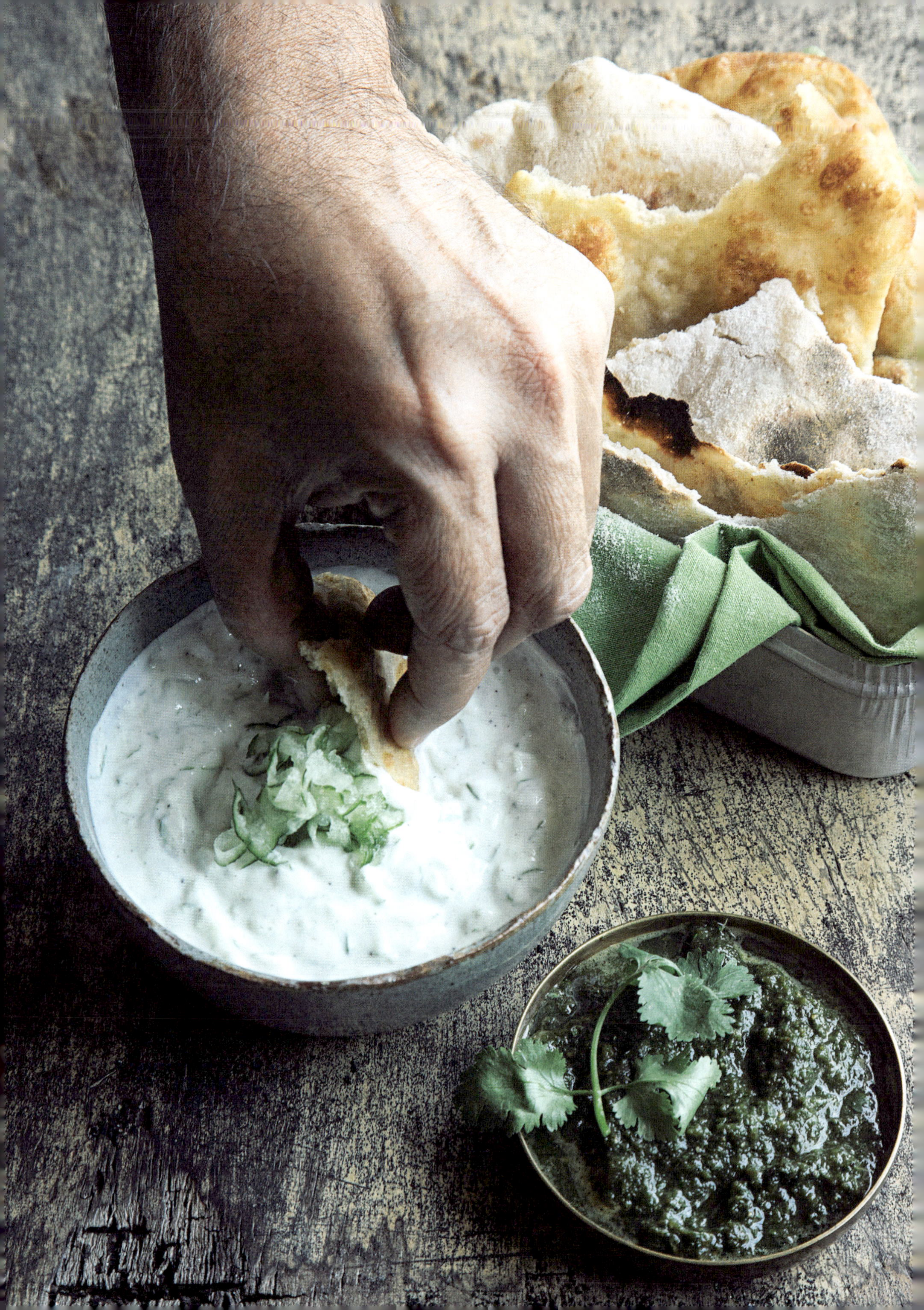

Kheera raita. खीरा रायता
Iogurte com pepino ralado

Usado como molho ou salada, é um acompanhamento fresco e fácil de fazer. Pode ser servido em todas as refeições, sendo um complemento neutro para apaziguar a intensidade das especiarias.

Tempo de preparo: 5 minutos | Serve 4 pessoas

½ xícara (chá)/ 125 g de iogurte natural
½ unidade de pepino
½ colher (chá)/ 2 g de pimenta-do-reino moída
1 colher (chá)/ 3 g de sementes de cominho
½ colher (chá)/ 3 g de sal refinado

1. Rale o pepino (ou corte em pedaços pequenos) e junte ao iogurte.
2. Toste as sementes de cominho em uma frigideira seca e moa até obter um pó (use um pilão ou o liquidificador).
3. Misture o cominho e a pimenta ao iogurte e mantenha na geladeira até o momento de consumir.
4. Adicione o sal apenas na hora de servir.

FANTASIA NO CANTINHO DA VOVÓ

Celeste e Vasco não são nomes que você associa diretamente à Índia. A não ser, claro, que você esteja em Goa. Aí, você não apenas vai encontrar nomes assim como também provar de uma cozinha que tem inesperados toques brasileiros. Ou seriam portugueses? Como se sabe, Goa foi uma das colônias indianas do império português, e as marcas dos quatro séculos de convivência não foram apagadas. Que maravilha é ver um templo hindu ao lado de uma igreja barroca! Lojas batizadas de Casa Chodankar ou Esmeralda Marine Traders! Ver caju por toda essa costa no oceano Índico! E poder comer uma feijoada no restaurante do Vasco — que se chama Fantasia no Cantinho da Vovó! Lá em Panaji, que é uma das principais cidades de Goa, esse cartaz logo me chamou a atenção — não apenas por estar em português (sua percepção aos poucos se acostuma a esse deslocamento), mas porque mesmo no Brasil, ou ainda em Portugal, é difícil imaginar um estabelecimento com esse nome. Quando perguntei ao Vasco se havia alguma explicação para isso, ele simplesmente disse que gostava do som daquelas palavras. E olha que ele mal fala português — hoje em dia é dificílimo encontrar alguém entre as gerações mais jovens que seja fluente na língua. Celeste mesmo fala bem, mas um ou outro termo escapa a ela — fica bem mais à vontade no inglês e, claro, no konkani, a língua indiana local. Ainda assim, fiquei admirado, enquanto comíamos em sua casa espaçosa, ao perceber como o lugar me lembrava, sobretudo na sua decoração, a casa da minha avó em Uberaba, Minas Gerais.

Já a feijoada que comemos não era tão parecida com a da minha avó, mas mesmo assim me fez refletir mais uma vez sobre o incrível diálogo entre duas culinárias que estão a milhares de quilômetros de distância uma da outra, mas compartilham tantas influências.

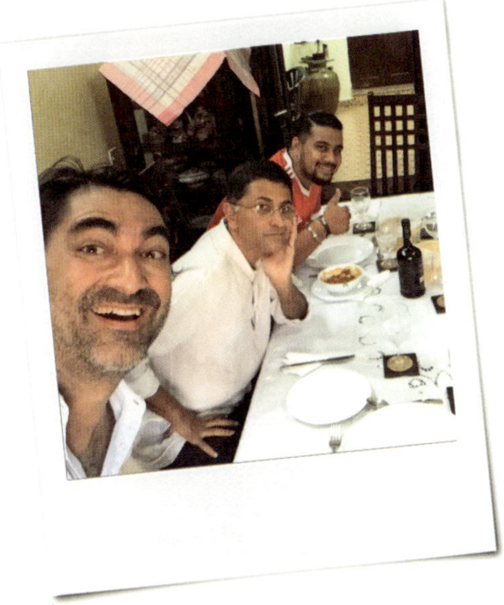

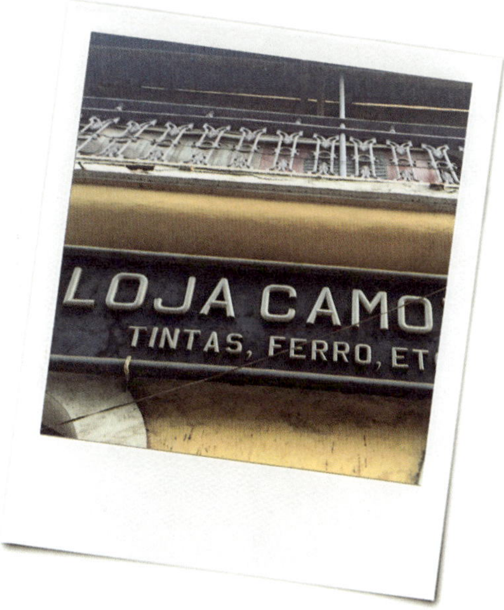
LOJA CAMO
TINTAS, FERRO, ET

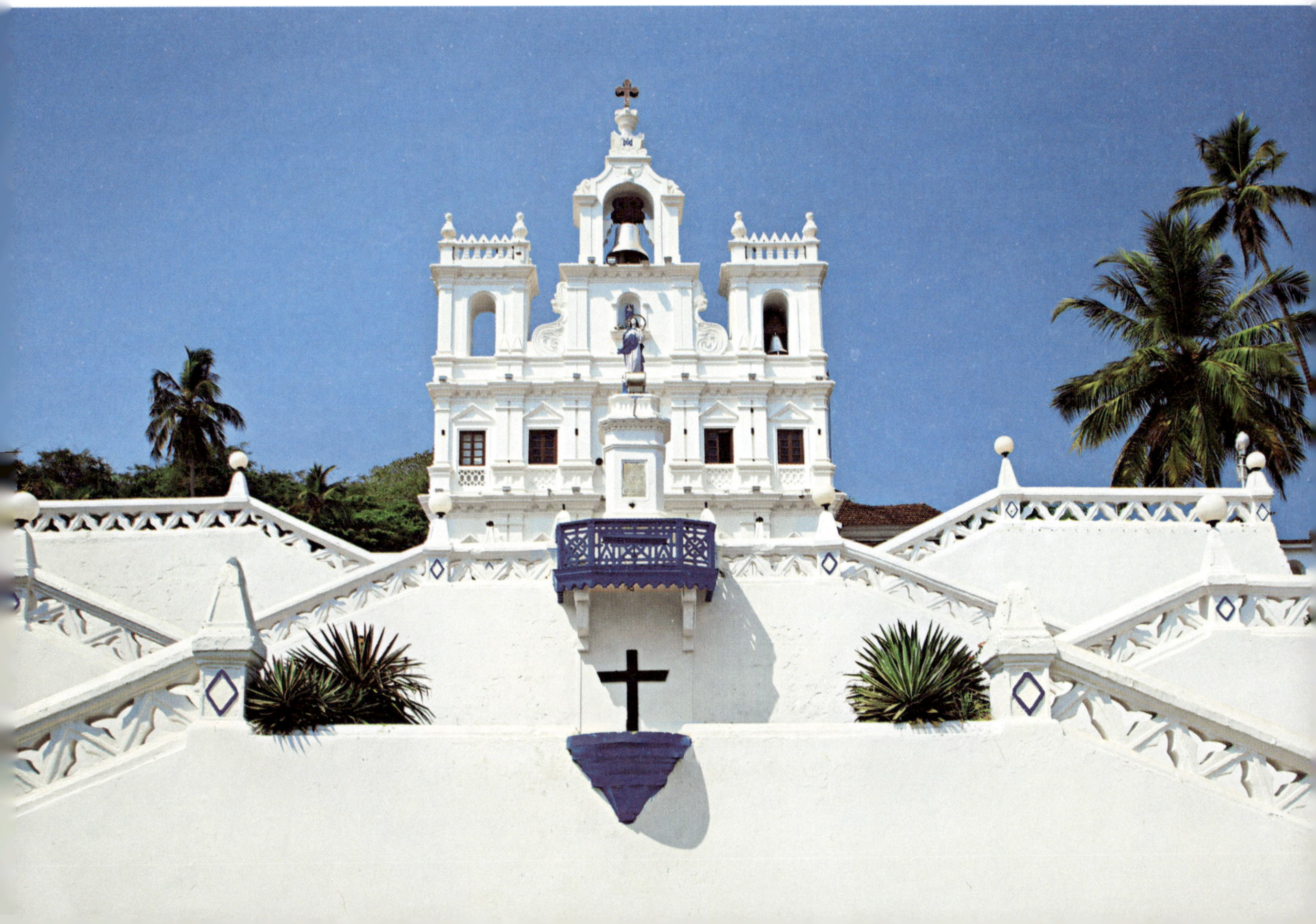

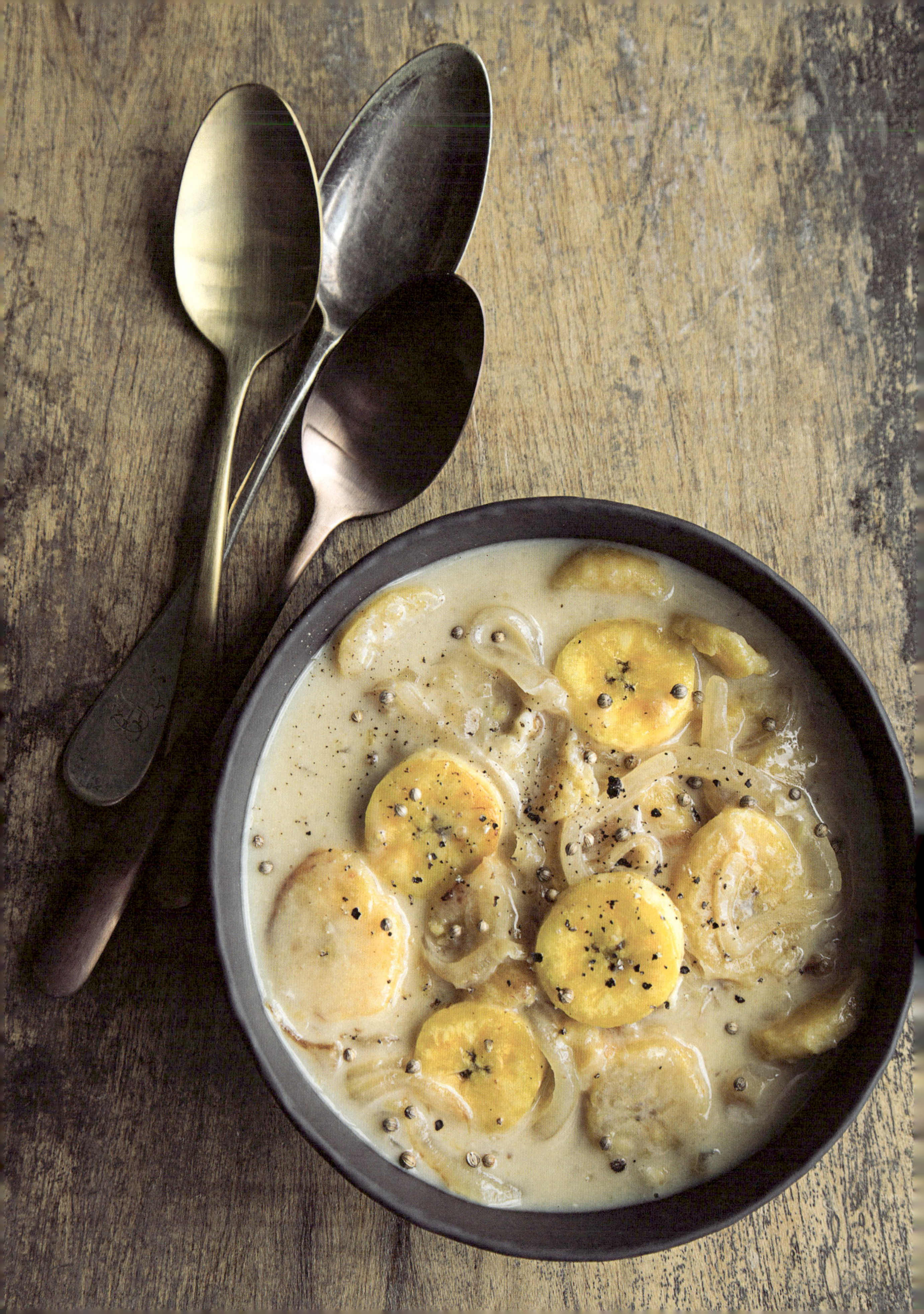

Kela moqueca. केला मोकेका Moqueca indiana de banana-da-terra

Uma versão indiana da moqueca brasileira é um perfeito exemplo vegetariano da proximidade das técnicas culinárias e da possibilidade infinita de sabores. O ponto de cozimento da banana deve ser macio, sem que ela desmanche. Bananas mais maduras cozinharão mais rápido que as verdes. Pode ser servida com arroz basmati (p. 31) e chutney de manga.

Tempo de preparo: 60 minutos | Serve 4 pessoas

6 bananas-da-terra
2 unidades/ 150 g de cebolas médias
2 colheres (chá)/ 10 g de gengibre
½ xícara (chá)/ 120 ml de óleo vegetal
4 cardamomos pretos
8 unidades/ ½ colher (chá) de cravos-da-índia
2 colheres (chá)/ 2 g de coentro em grãos
1 colher (chá)/ 4 g de pimenta-do-reino em grãos
2 ½ xícaras (chá)/ 600 ml de leite de coco
3 colheres (chá)/ 15 ml de mel
2 colheres (chá)/ 12 g de sal refinado
1 colher (chá)/ 4 g de pimenta-do-reino moída

1. Descasque as bananas e corte em rodelas. Cubra-as com água em uma panela de pressão e cozinhe por 5 minutos. Reserve.
2. Corte as cebolas em tiras e rale o gengibre. Leve à panela com óleo e frite em fogo médio até dourar bem, com cuidado para não queimar.
3. Adicione o cardamomo, o cravo, o coentro e a pimenta em grãos e mexa por 2 minutos. Acrescente as rodelas de banana.
4. Despeje o leite de coco e o mel e tempere com o sal e a pimenta moída. Cozinhe por 40 minutos, com tampa e em fogo médio.
5. Ajuste o sal antes de servir.

BEBIDAS
पेय

CAJU

Experimentei uma improvável aguardente de caju na Índia. "Feni" é como eles chamam a bebida — como se tivesse um acento circunflexo na primeira sílaba. Antes mesmo de saber seu gosto, já tinha ficado intrigado com outra questão: como nós, brasileiros, tão orgulhosos de termos feito, a partir da cana-de-açúcar, uma das bebidas mais famosas do mundo (por sua intensidade e aroma), deixamos essa passar?

Foi preciso que os portugueses levassem a semente de caju para Goa, sua colônia indiana, para que lá então os nativos desenvolvessem esse "suave veneno"? Pego emprestado esse apelido da longa lista de clichês para tentar definir o prazer de ter um líquido como esse descendo pela garganta. É forte. É perfumado. E é fatal.

Nem me lembro de ter bebido o primeiro copo até o fim — puro, como manda a tradição. Nas ruas de Panjim, uma das principais cidades de Goa — ou mesmo nas de Vasco da Gama —, é possível encontrar a bebida em frascos pequenos: um bom lembrete de que essa, sim, deve ser consumida com moderação.

Além desse derivado "ligeiramente" entorpecente, o caju é uma curiosa presença nessa terra tão estranha e ao mesmo tempo, para nós, tão familiar. A fruta, mesmo, não se vê — eu diria que no Brasil temos muito mais intimidade com ela, não só por causa da castanha, mas também do suco (e não vamos nem começar a falar dos doces de caju que minha mãe trazia de Araxá, Minas Gerais...).

Mas uma caravela um dia levou uma semente até lá — e esse fruto, curiosamente, hoje é mais exportado de lá do que daqui. Um contraste ou um elo? Prefiro a segunda opção.

Como os cartazes espalhados por Goa com poucas palavras reconhecíveis aos que falam português, a "presença" do caju por lá é um lembrete de que sempre seremos bem-vindos naquela terra.

REFRESCO FATAL

Éramos um grupo de onze pessoas — muitas delas, como eu, viajando pela primeira vez para a Índia —, e todo dia alguém chegava atrasado para o café da manhã no Imperial Hotel. Nos divertíamos com o motivo: mais um havia sido "pego pelo lassi". Hoje popular no mundo todo, essa bebida de iogurte é parte da dieta básica indiana. Uma bebida inofensiva — e deliciosa, ainda mais quando batida com uma fruta, sobretudo a manga (e um pouco de cardamomo) —, mas que, para quem experimenta pela primeira vez, pode ser "fatal". Como tudo o que provamos ao longo de uma viagem, não sabemos nunca como nosso organismo vai reagir. Turistas no Brasil às vezes deixam de comer um delicioso caruru, por exemplo, por medo de como o estômago (ou o intestino) vai aceitar o quiabo. O mesmo acontece quando a gente se depara com uma dieta muito diferente da nossa. De antemão achamos que o curry vai ser muito apimentado, ou que aquele tandoori vai ser difícil de digerir. Pela minha experiência, basta a primeira vez. Seu corpo pode, sim, aguentar uma "comida estranha", desde que você a experimente (e dê uma segunda chance a ela)!

O lassi foi complicado para todos nós naquele tórrido verão de 1986. Mas nas outras vezes em que fui à Índia, inclusive esta última, em abril de 2016, nem sequer cogitei a hipótese de começar o dia sem ele. E o meu corpo agradece.

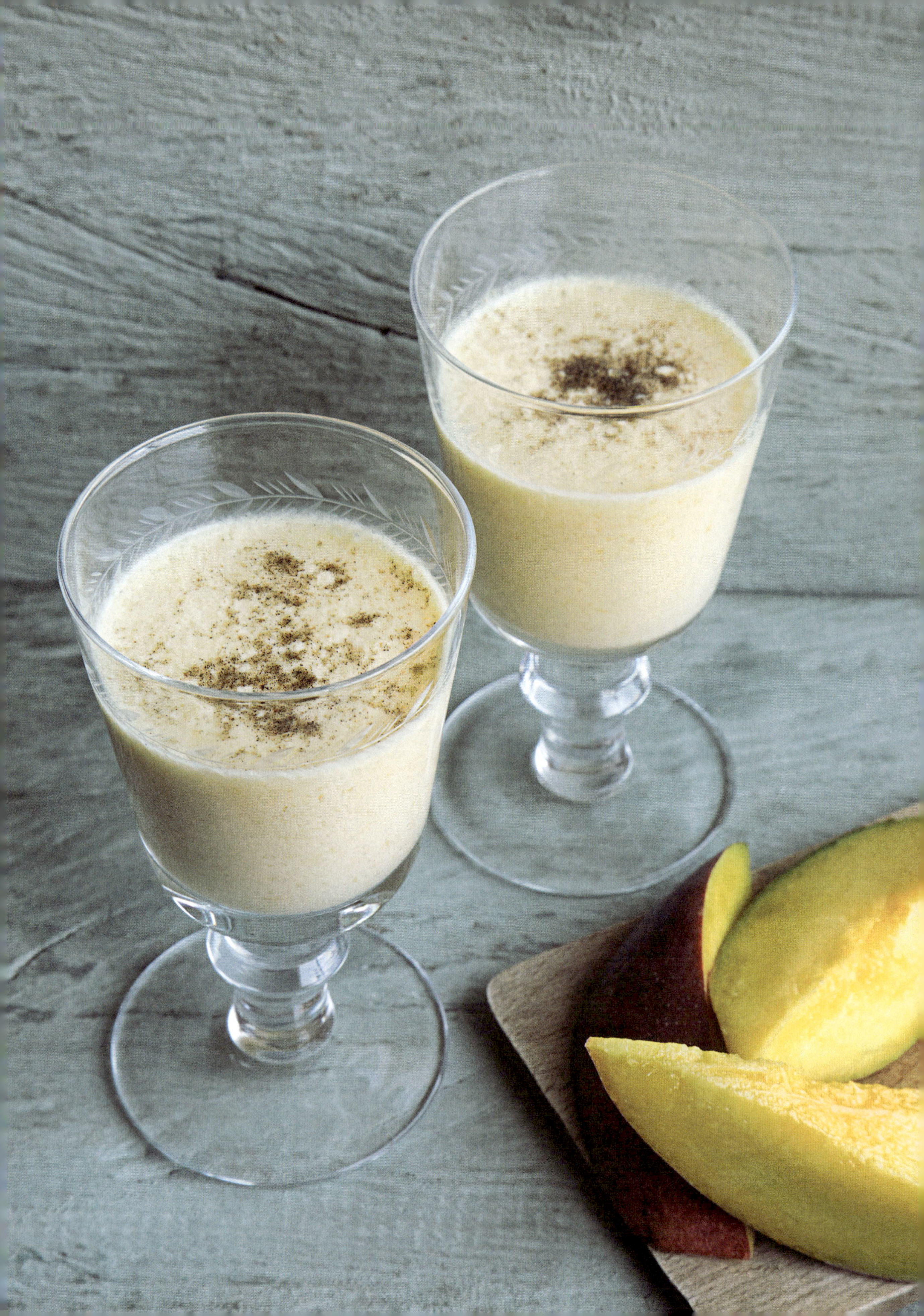

Lassi. लस्सी
Bebida de iogurte batido

Esta bebida à base de iogurte é servida ao longo do dia. O iogurte tem a propriedade de amenizar o ardor dos temperos e equilibrar o paladar. Experimente esta receita também com manga, batendo com pedaços da fruta no liquidificador; ou com açafrão espanhol, deixando três ou quatro pistilos de molho em um pouco de água quente, para liberar a cor e o sabor, e batendo junto com o iogurte.

Tempo de preparo: 5 minutos | Serve 4 pessoas

1 xícara (chá)/ 250 g de iogurte natural
½ colher (chá)/ 1 g de cardamomo moído ou açafrão
açúcar a gosto
1 xícara (chá) de gelo

1. Coloque todos os ingredientes no liquidificador.
2. Bata até homogeneizar.
3. Sirva em copos altos, salpicando uma pitada de cardamomo em pó ao servir.

CARDAMOMO

Entre tantos projetos que nunca saíram da gaveta, tenho uma ideia de organizar um livro em que autores que eu gosto de ler escreveriam sobre como seria experimentar um sabor pela primeira vez. O que passou pela cabeça do primeiro ser humano quando ele (ou ela) pôs na boca, antes de todo mundo, uma fruta como o caju? O que terá significado provar algo desconhecido como uma jabuticaba? Como teria reagido a primeira criatura que experimentou uma pimenta dedo-de-moça — ainda no pé? Coisas assim.

Eu mesmo gostaria de ter um capítulo nesse livro, e o sabor sobre o qual escreveria seria o do cardamomo. Eu me lembro bem de quando, na minha primeira viagem à Índia, senti o poder dessa especiaria — presente em boa parte da cozinha oriental, mas rara na brasileira —, que oficialmente é da família do gengibre! Era como se eu tivesse colocado na boca algo que não era para ser comido, apenas cheirado. Até hoje tenho essa leve sinestesia quando coloco cardamomo em algum prato: você não sabe se deve sentir aquilo com o paladar ou com o olfato — ou quem sabe com um sentido desconhecido que ainda não exploramos... É doce, também um pouco salgado. Tem horas que a gente acha que é meio floral, mas há quem diga que se aproxima de um vetiver. Tem madeira e tem terra. Tem um pouco de mostarda também — e por que não gengibre?

E que prazer descobrir, nos próprios mercados da Velha Delhi, que nem todo cardamomo é igual. Naqueles sacos estufados de tantas especiarias, encontrei várias nuances desse sabor único — o terceiro tempero mais caro do mundo, que chega a custar quase o mesmo que pó de ouro. Mas não seria esse justamente o valor de algo que faz tão bem?

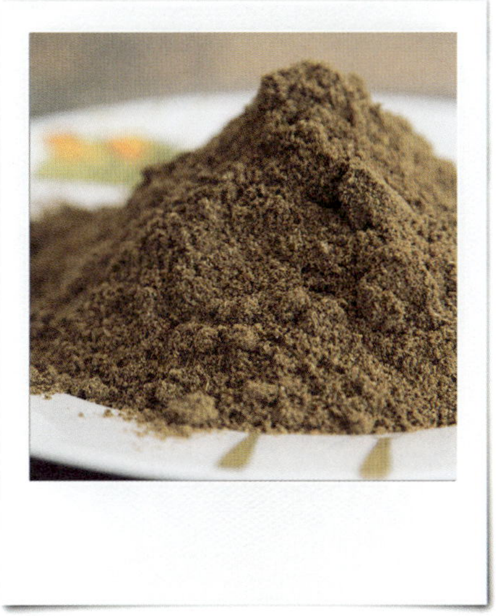
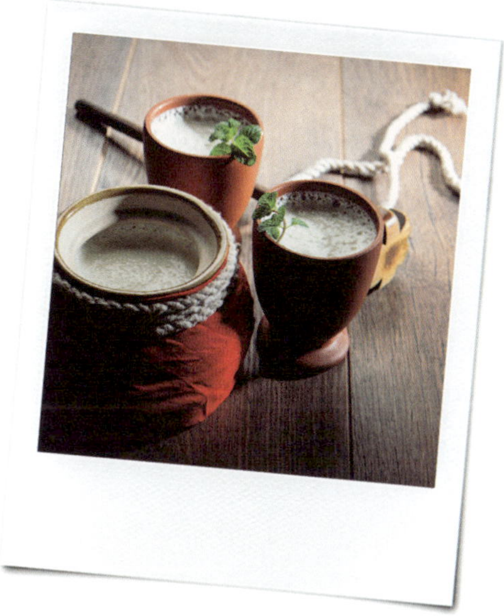
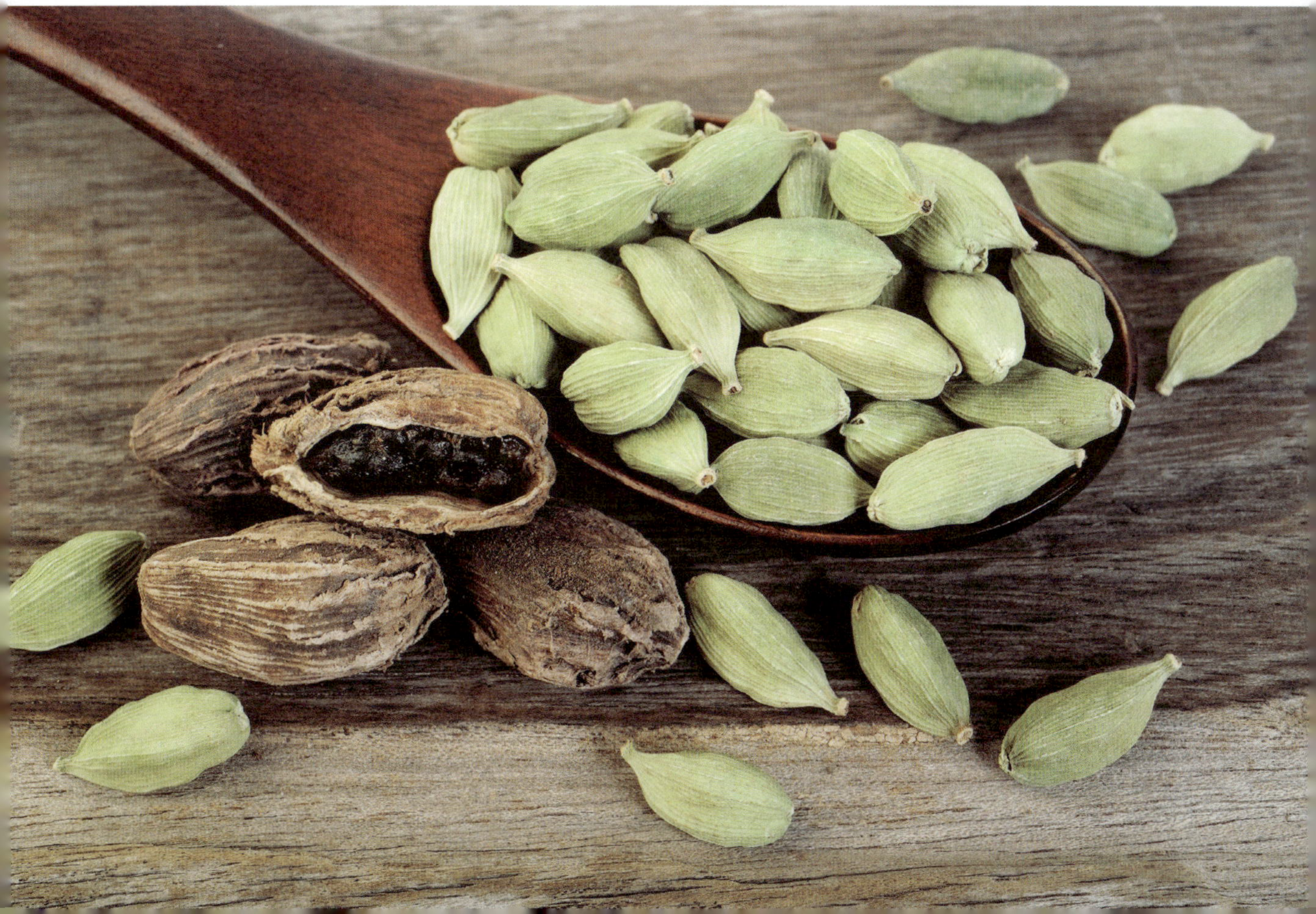

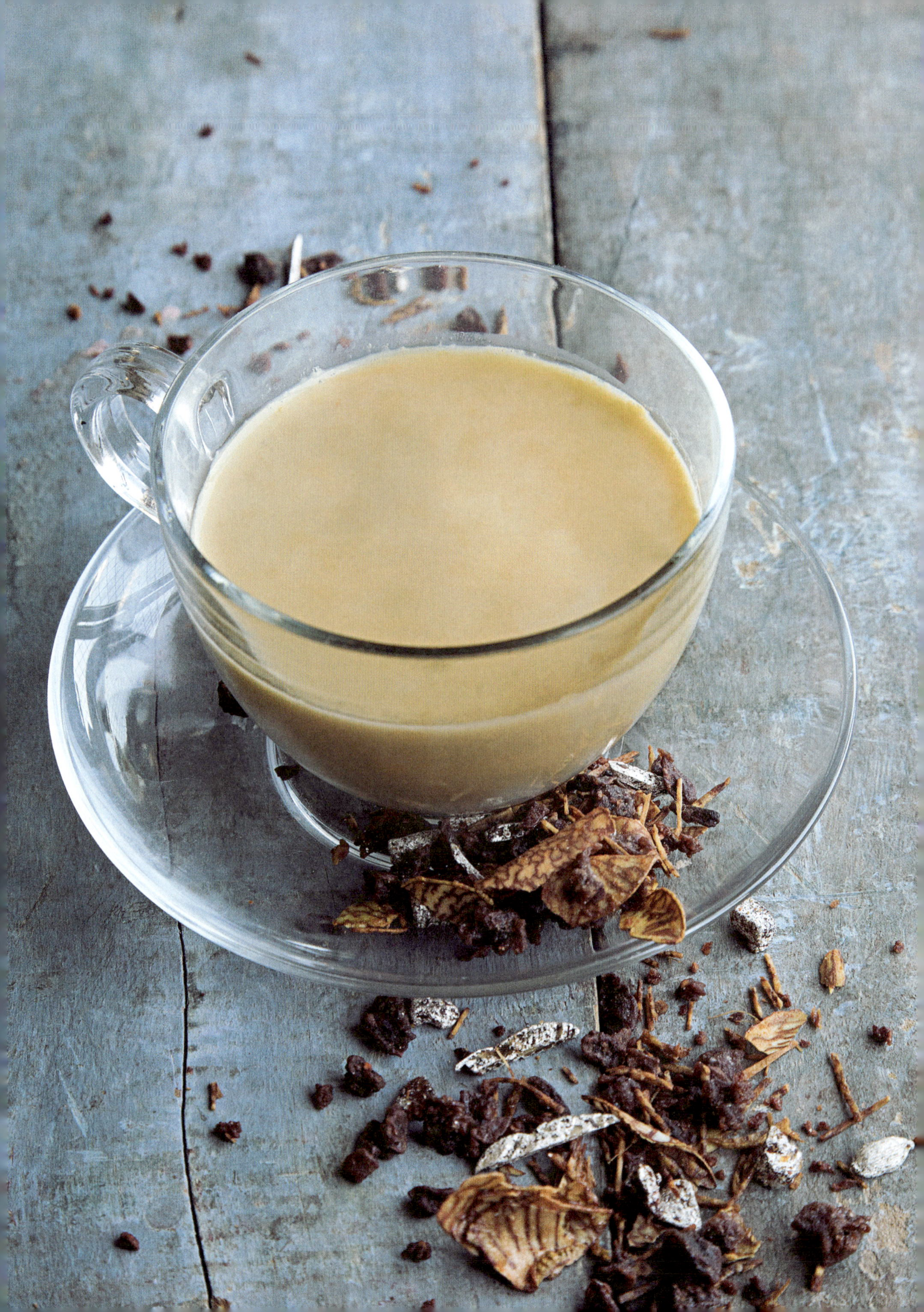

Chai. चाय
Chá com especiarias

Na Índia, o chai é um ritual para todo momento. O chá é consumido em formato de grânulos, do tipo Assam. O estilo britânico de infusão, que leva chás do tipo Darjeeling ou Nilgiri, em folhas, não é comum, mas, na falta de opções, pode-se pensar em substituições. Você pode fazer o chai com uma ou mais especiarias e até incluir outras ao seu gosto, tendo cuidado no ajuste da proporção.

Tempo de preparo: 5 minutos | Serve 4 pessoas

4 xícaras (chá)/ 1 l de água
¼ xícara (chá)/ 60 ml de leite integral
3 colheres (chá)/ 6 g de chá Assam
1 cardamomo verde
1 pedaço pequeno/ 10 g de gengibre
1 colher (sopa)/ 5 g de folhas de hortelã
açúcar a gosto

1. Coloque a água, o leite, o açúcar e as especiarias em uma leiteira ou chaleira.
2. Deixe ferver em fogo brando por cerca de 10 minutos. Adicione o chá e deixe ferver por 3-4 minutos.
3. Quanto mais ferver, mais espesso e com sabor mais intenso ele vai ficar. Se desejar um chá bastante untuoso, deixe ferver mais tempo e acrescente o leite apenas no final.
4. Coe e sirva.

BISCOITO em RISHIKESH

Era meu "caminho da roça": no final do dia, com a luz se deitando atrás das montanhas, pegava o barco e atravessava o Ganges em Rishikesh, para acompanhar de perto algumas cerimônias religiosas. Diante de tanta água, o fogo que circulava entre as danças e cantos era um antagonista bem-vindo, que somava dourado àquele lusco-fusco.

    Quando presenciei tudo aquilo pela primeira vez, achei que seria impossível viver aquela emoção todos os dias — cheguei a me perguntar se as pessoas que viviam aqueles rituais realmente se envolviam com aquela corrente espiritual toda a cada entardecer. Mas aí eu fui mais um dia, e mais outro… e entendi como isso era possível. Íamos todos ali para nos entregarmos, para sermos levados pela água e pelo fogo. E já de noite, ao voltar para onde estava alojado, um aroma sequestrava nosso espírito elevado. Os barcos não circulavam de noite, então era necessário retornar caminhando pela ponte — e bem antes da sua entrada, um garoto vendia biscoitos de gergelim aquecidos ali na hora. Sua mãe — ou ele mesmo — os preparava durante o dia, e tudo que ele precisava fazer era colocá-los sobre um fogareiro para que aquele aroma se espalhasse por aquela esquina. Tive de experimentar — e o sabor, levemente adocicado, áspero e suave ao mesmo tempo, de uma delicadeza granulada, ficou inevitavelmente associado àquele trajeto. Assim nascem os rituais, não é mesmo?

PAAN

É só uma folha. Não muito fina, mas também flexível, de um verde que mesmo longe da árvore nos faz lembrar o frescor da natureza. É possível encontrá-la em vários mercados por toda a Índia. Arrumadas em pilhas geométricas, elas aguardam, decoradas com grossas gotas de água. O segredo é que as folhas de paan não são dobradas nunca, mas finamente enroladas por vendedores de rua que fazem disso a sua profissão. Uma profissão desafiadora: o resultado desse origami não pode ficar muito grosso, porque a ideia é encaixar o paan enrolado em um pequeno canudo entre as gengivas inferiores e a bochecha — e deixá-lo lá... A saliva que vai se acumulando em volta dele faz todo o trabalho de misturar os temperos que foram colocados dentro da folha para que, especialmente depois de uma refeição, você fique com aquela sensação perfumada na boca.

    Dos que experimentei, nem tudo achei bom — ou ainda, nem tudo satisfaz a um paladar ocidental. Mas um dos mais deliciosos que provei tinha, entre temperos e pastinhas, um pouco de tabaco e até uma fina folha de ouro. E teria sido uma experiência inesquecível se eu tivesse ido embora no momento em que o coloquei na boca. Mas não... Desorientado com o turbilhão de fragrâncias, fiquei ali para ver o vendedor preparar uma iguaria semelhante para o próximo cliente — e foi aí que vi que seus dedos, que juntavam todos os ingredientes na folha, eram encardidos como se não tivesse lavado a mão em mais de um século! Houve então um momento de hesitação: será que deveria cuspir aquilo da minha boca imediatamente? Resolvi aproveitar — e não me arrependi. E nunca passei mal por causa de paan!

MENUS

As receitas deste livro podem ser organizadas de diversas formas. Uma das dicas do Tuli é que, no caso da culinária indiana, não existe uma comida mais festiva do que outra — todas servem para todas as ocasiões. Por isso, aqui as receitas não estão organizadas por temas específicos nem de acordo com divisões tradicionais, como café da manhã ou jantar; elas são apresentadas em conjunto, ou em forma de cardápios que unem pratos que vão bem juntos. Claro que são apenas sugestões: vale combinar aquelas que fizerem mais sentido para você. E como um grande elemento da culinária indiana é a comunhão, aproveite para juntar amigos e familiares nesta viagem para descobrir novos sabores.

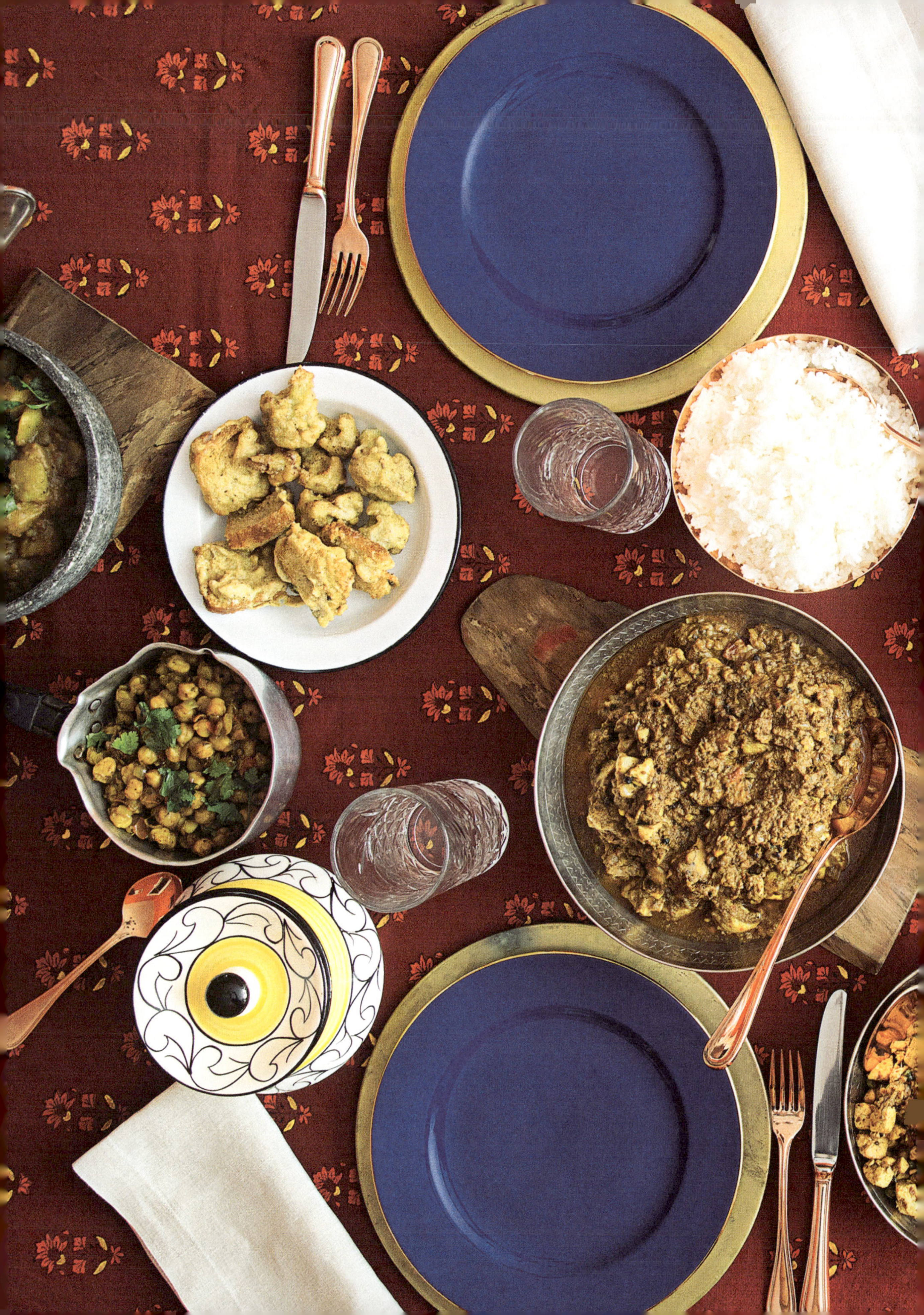

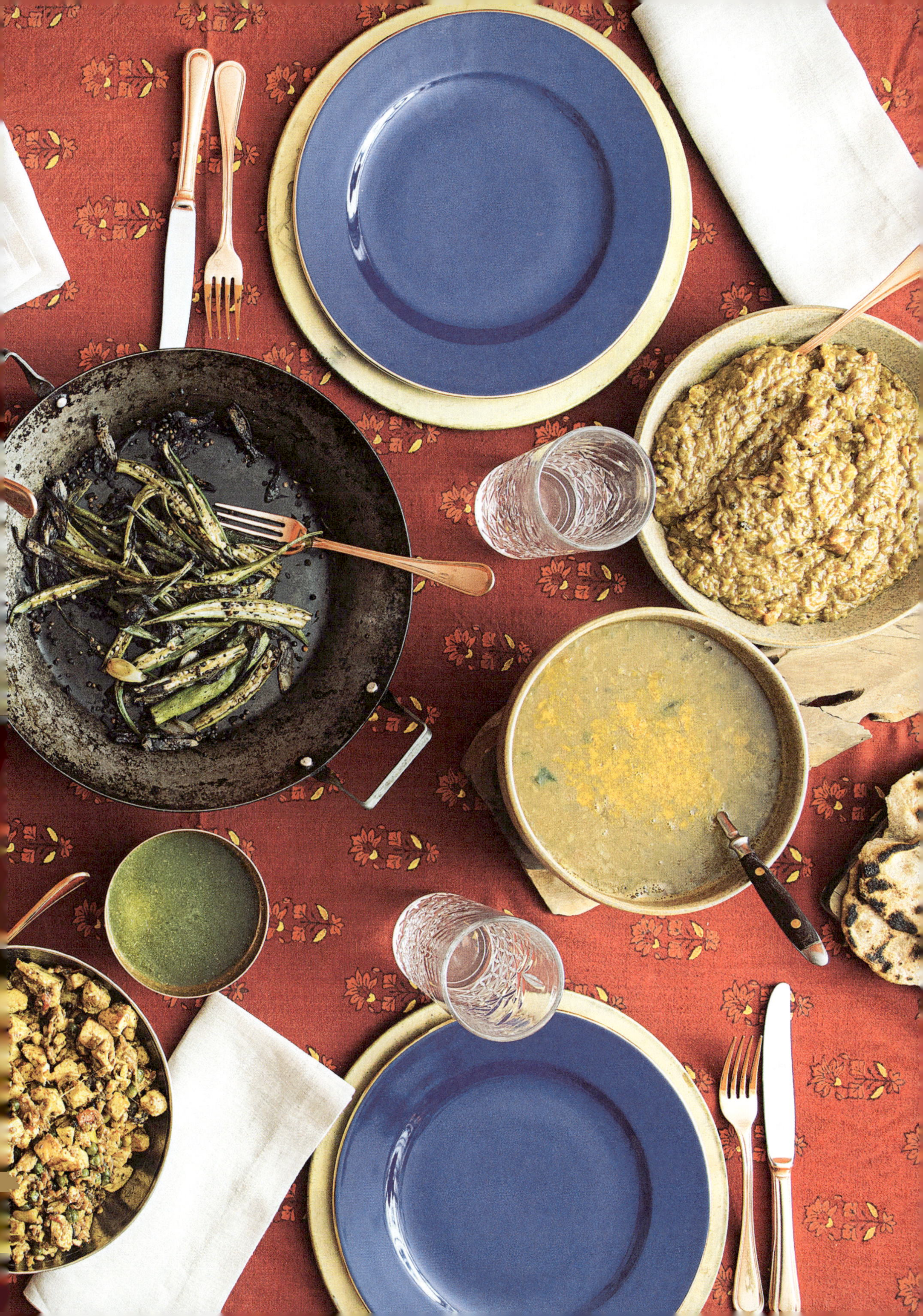

CARDÁPIO 1: PRATOS RÁPIDOS (para 4 pessoas)

Alguns dos preparos deste livro requerem bastante planejamento, mas separamos aqui pratos que ficam prontos em cerca de 30 minutos! Para experimentar os sabores da culinária indiana sem precisar suar a camisa.

Andaa bhurjee | Ovos mexidos com especiarias (p. 61)
Roti (p. 89)
Pudina dhania chutney | Chutney de hortelã e coentro (p. 101)
Chai | Chá com especiarias (p. 117)

ORDEM DE PREPARO:
Comece com a mistura para o roti, sovando bem a massa, e deixe descansar por 20 minutos. Enquanto a massa fica reservada, separe os temperos e pique os ingredientes para os ovos mexidos, começando o preparo da receita logo em seguida.

Durante o tempo em que os temperos douram, prepare o chai. Fique de olho nos temperos dos ovos mexidos, sem deixar que queimem, e pique os ingredientes do chutney.

Enquanto isso, bata os ovos para o andaa bhurjee. Bata os ingrediente do chutney.

Separe e abra a massa do roti. Misture os ovos com os temperos na panela rasa, mexendo de vez em quando, até que estejam cozidos. Em seguida, volte a frigideira pequena ao fogo e aqueça um disco de massa do roti por vez, dourando dos dois lados.

Quando os pães e os ovos estiverem prontos, sirva junto com o chai e o chutney.

CARDÁPIO 2: VEGANO NO DIA A DIA (para 4 pessoas)

Além de opções vegetarianas, nosso livro também inclui receitas completamente livres de derivados de animais. A seguir, sugerimos algumas combinações.

Daal | Sopa de lentilha (p. 25)
Basmati | Arroz basmati (p. 31)
Aloo sabzi | Curry de batata (p. 55)
Bharvan baingan | Berinjela recheada (p. 75)

ORDEM DE PREPARO:
Comece preparando a lentilha (sem se esquecer de deixá-la de molho durante a noite anterior). Se quiser, faça o dobro da receita para guardar para uma próxima refeição. Enquanto cozinha, comece a preparar o curry de batata e, em seguida, a berinjela recheada. Por fim, prepare o arroz basmati.

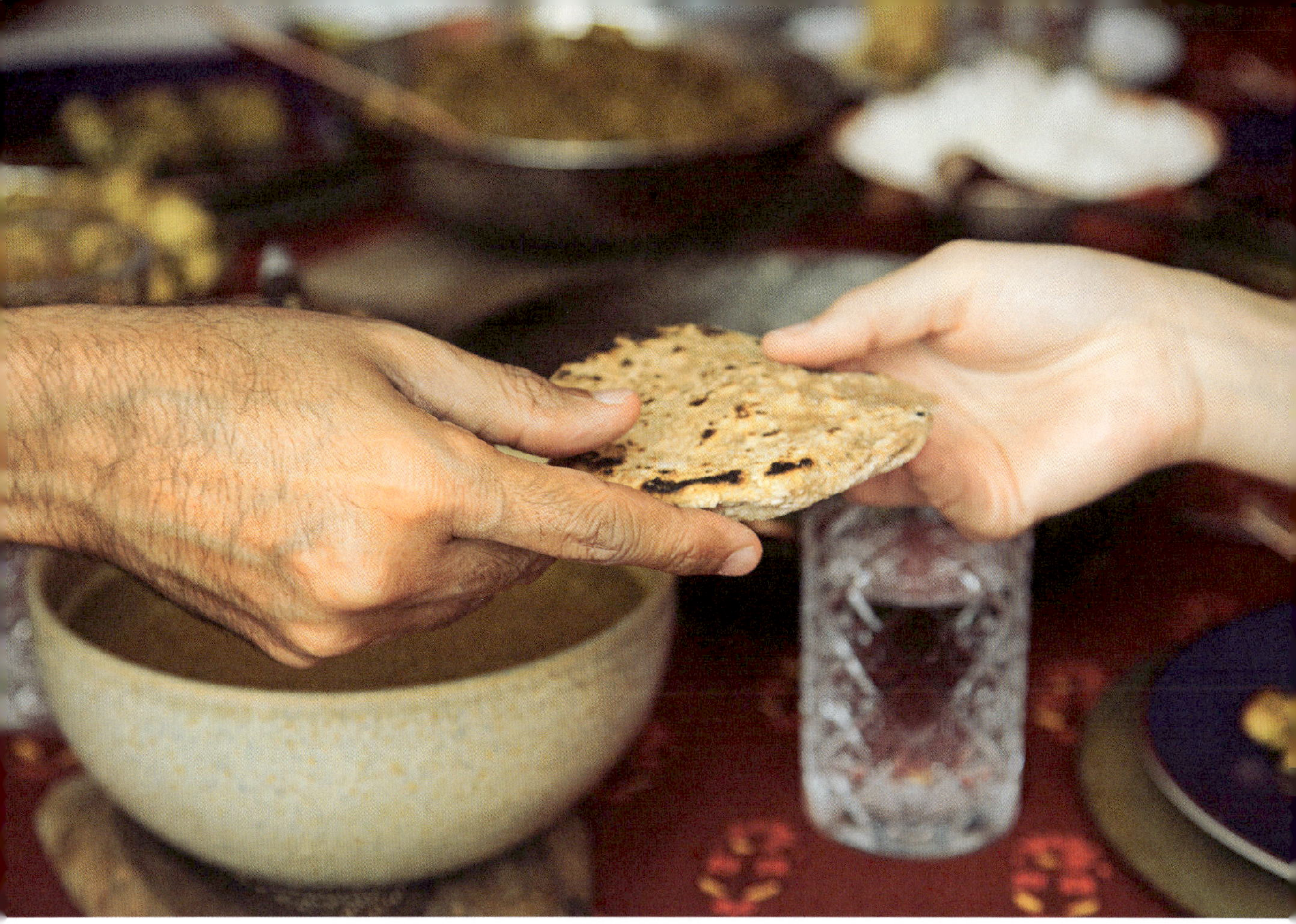

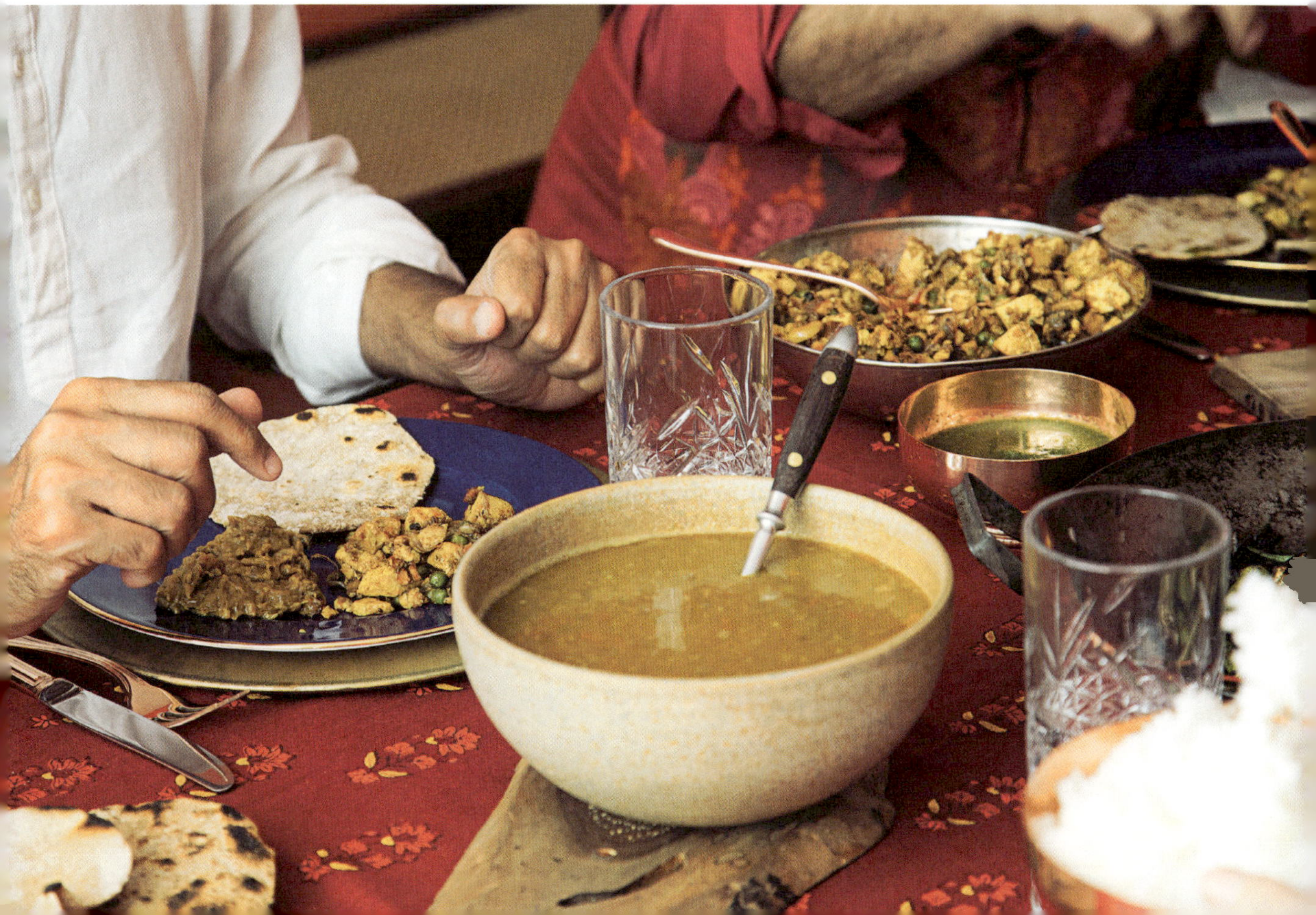

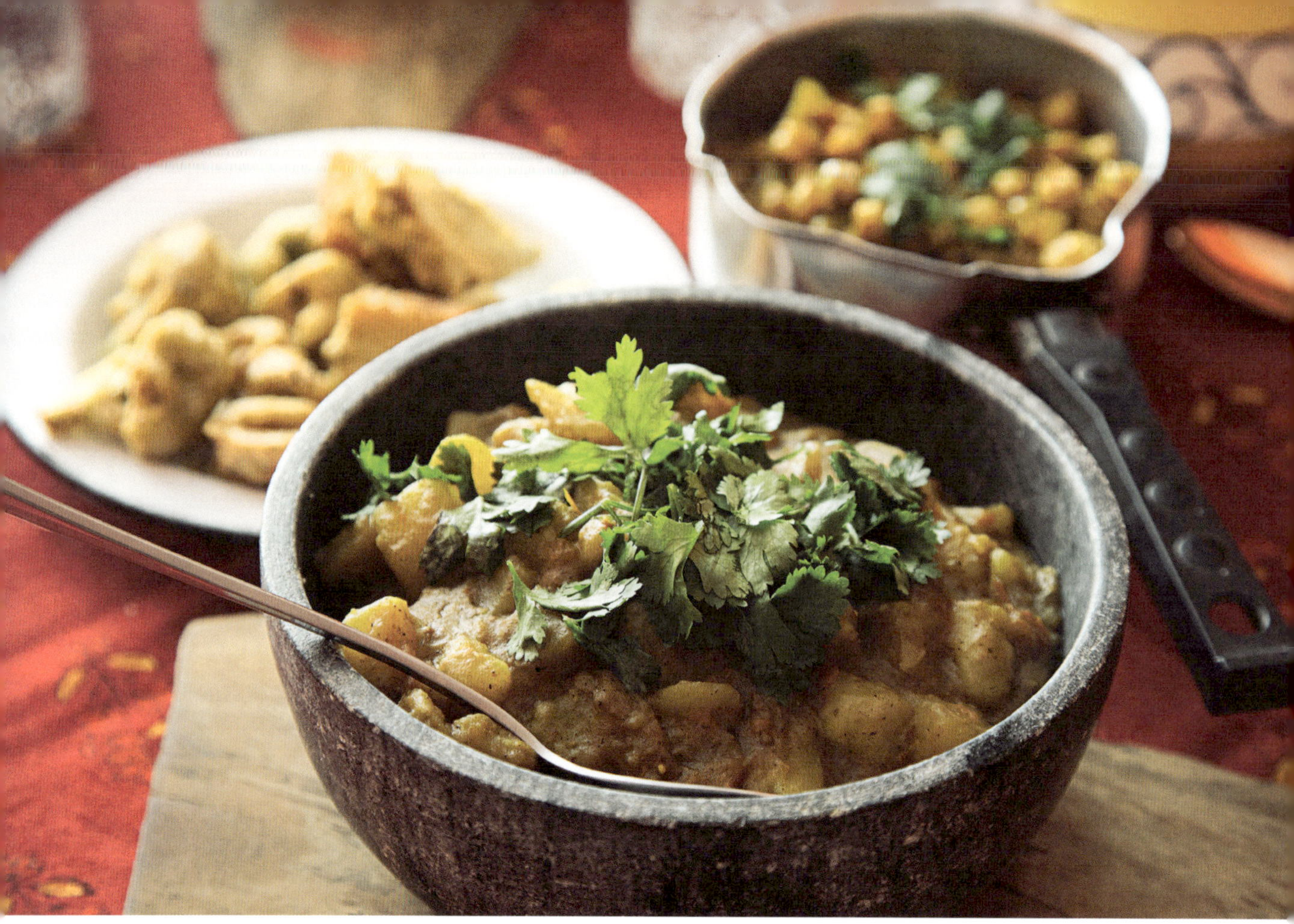

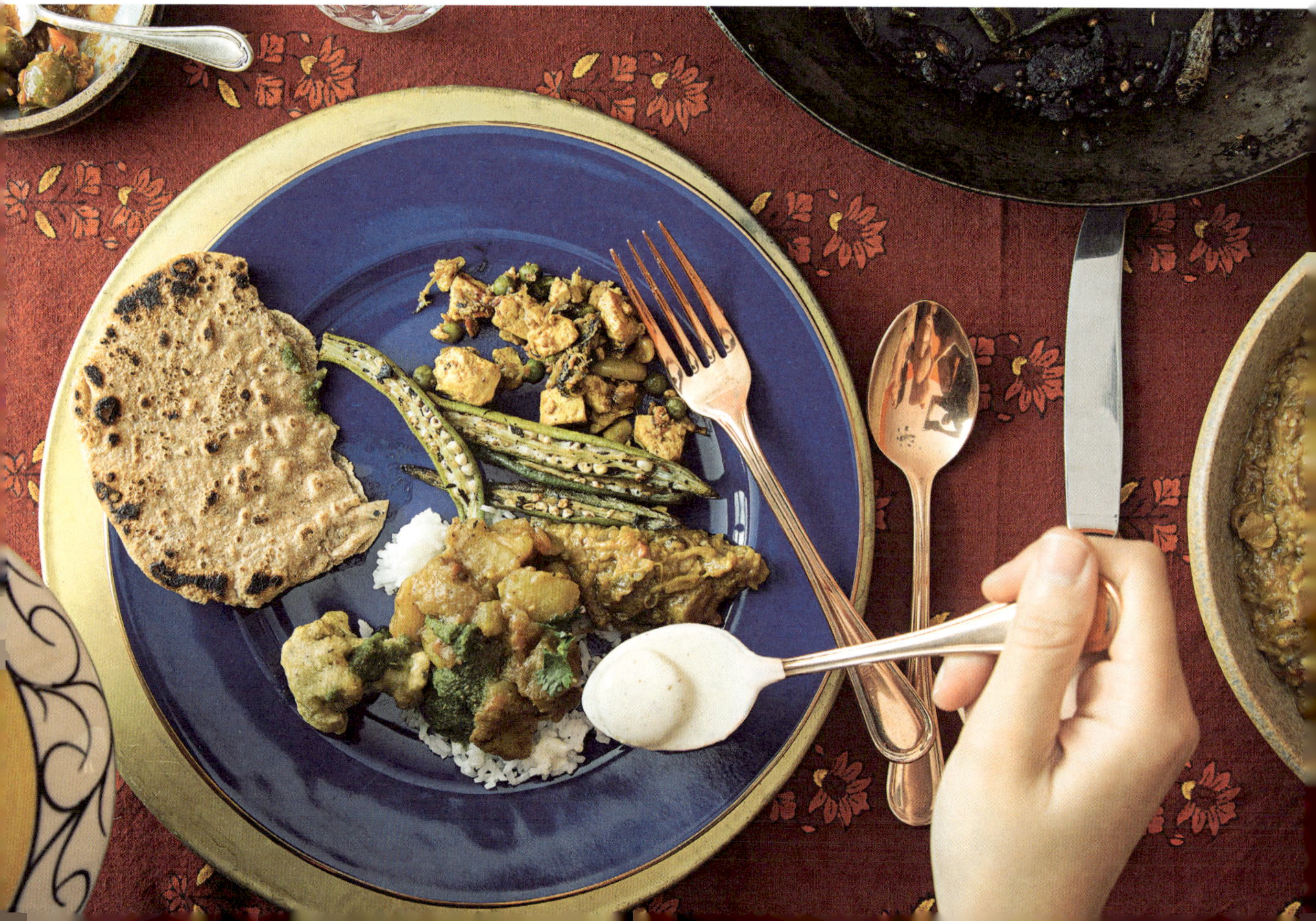

CARDÁPIO 3: VARIEDADE DE SABORES E TÉCNICAS (para 4 pessoas)

Kela moqueca | Moqueca indiana de banana-da-terra (p. 107)
Basmati | Arroz basmati (p. 31)
Parathas de ricota e de cebola (p. 97)
Pudina dhania chutney | Chutney de hortelã e coentro (p. 101)
Kurkura karela | Nigauri crocante (p. 71)
Palak paneer | Espinafre com ricota (p. 19)

ORDEM DE PREPARO:

Comece preparando o purê de espinafre do palak paneer até o passo 6 da receita (p. 19). Enquanto espera o creme engrossar, leve as bananas-da-terra à panela de pressão. Em seguida, pique os demais ingredientes da moqueca, a ricota e também os vegetais e as verduras que for usar para os nigauris, as parathas e o chutney. Preste atenção ao calcular o recheio das parathas: para fazer os dois sabores, use apenas metade dos itens para o recheio em cada receita (ou dobre a quantidade de massa). Depois, misture a massa das parathas e deixe descansar.

Frite a ricota e adicione ao espinafre. Prepare os temperos para a moqueca e comece a preparar o molho. Junte as bananas e deixe que terminem de cozinhar. Enquanto isso, aqueça o óleo e frite os temperos para o kurkura karela. Adicione os nigauris fatiados e deixe fritar.

Separe e abra a massa das parathas. Leve o arroz ao fogo. Em seguida, bata os ingredientes do chutney e reserve. Em uma frigideira pequena, termine de preparar as parathas.

CARDÁPIO 4: UMA FESTA VEGANA (para 6 ou mais pessoas)

Já que opções não faltam, aqui estão receitas para uma festança vegana.

Pakodas veganas (couve-flor ou brócolis, cebola, espinafre, berinjela) (pp. 43-5)
Pudina dhania chutney | Chutney de hortelã e coentro (p. 101)
Suukhee daal | Lentilha seca (p. 27) [dobre a receita]
Basmati | Arroz basmati (p. 31) [dobre a receita]
Aloo baingan | Berinjela com batata (p. 53)
Bharvan karela | Nigauri recheado (p. 73)
Bhindi pyaaz | Quiabo refogado com cebola (p. 79)
Roti [dobre a receita] (p. 89)

ORDEM DE PREPARO:

Na noite anterior (ou na manhã do dia do jantar), deixe a lentilha de molho. Cerca de duas horas antes de servir, comece a preparar a lentilha. Em seguida, adiante o preparo do chutney de hortelã e coentro e leve à geladeira.

Corte os vegetais para o aloo baingan, o quiabo refogado, as pakodas veganas e os nigauris recheados. Faça o dobro da receita de roti e deixe a massa descansar.

Na sequência, prepare as bases de tempero para o aloo baingan e os nigauris recheados. Siga a receita para o aloo baingan, deixando as batatas e as berinjelas cozinharem com os temperos — para esta receita, mantenha a panela tampada.

Prepare o quiabo, recheie os nigauris e leve ao fogo, fritando até que fiquem bem tostados, escuros e crocantes. Enquanto isso, de olho na lentilha, nos nigauris, no quiabo e no aloo baingan, prepare a massa para as pakodas e forme os pães roti.

Quando tirar a lentilha, o quiabo e o aloo baingan do fogo, reserve para que não esfriem. Prepare o arroz basmati e aqueça uma frigideira para fritar as pakodas e outra para dourar o pão roti. Finalize os demais pratos e sirva com o chutney de hortelã e coentro.

CARDÁPIO 5: RECEBENDO EM GRANDE ESTILO (para 6 ou mais pessoas — ajustar a quantidade de arroz)

Chole punjabi | Grão-de-bico à moda punjabi (p. 29)
Naan (p. 93)
Bharvan baingan | Berinjela recheada (p. 75)
Arbi muglai | Colocásia muglai (p. 77)
Basmati | Arroz basmati (p. 31)
Palak paneer | Espinafre com ricota (p. 19)
Paneer bhurjee | Ricota mexida (p. 23)

ORDEM DE PREPARO:
Na noite anterior, prepare o dobro de massa para o pão naan e deixe descansar; coloque o grão-de-bico de molho. No dia do jantar, comece cortando e moendo os ingredientes e os temperos para todos os preparos. Cozinhe o inhame ou a mandioca para o muglai e faça o recheio das berinjelas.

Em seguida, comece a preparar o molho de espinafre para a ricota. Enquanto isso, aqueça óleo em uma panela, leve todos os ingredientes para o paneer bhurjee ao fogo e deixe cozinhar. Frite o inhame (ou a mandioca) e, depois, a ricota para o palak paneer, e reserve ambos.

Adicione a ricota ao molho de espinafre. Feito isso, frite os temperos para o chole punjabi. Ao mesmo tempo, separe e abra a massa do pão e preaqueça o forno. Adicione os tomates e, a seguir, os temperos e o grão-de-bico, deixando o chole punjabi terminar de cozinhar com a panela destampada. Leve os pães para assar. Recheie e frite as berinjelas até que fiquem escuras e crocantes e prepare o molho para o colocásia muglai. Assim que terminar o muglai e o chole punjabi, retire do fogo e reserve. Termine os preparos fazendo o arroz basmati e retire os pães do forno.

CARDÁPIO 6: JANTAR A DOIS (para 2 pessoas)

Como nem todo mundo consegue fazer uma festa em casa todo dia, alguns dos pratos são facilmente adaptáveis para servir 2 pessoas.

Basmati | Arroz basmati (p. 31) [diminua a receita pela metade]
Suukhee daal | Lentilha seca (p. 27) [diminua a receita pela metade]
Malai kofta | Croquetes de ricota em creme de leite (p. 37) [diminua a receita pela metade]
Bharvni bhindi | Quiabo recheado (p. 83)

ORDEM DE PREPARO:
Na noite anterior, deixe a lentilha de molho. Comece preparando as batatas para o malai kofta. Enquanto cozinham, prepare a lentilha. Em seguida, pique os ingredientes para o quiabo recheado.

Prepare o molho que acompanha o malai kofta e frite os temperos para o quiabo recheado. Modele os croquetes de ricota e, depois, recheie o quiabo. Comece a cozinhar o arroz. Aqueça óleo em mais duas panelas e frite os quiabos em uma e os croquetes de ricota em outra. Finalize a montagem dos croquetes e sirva junto com o arroz basmati, a lentilha e o quiabo recheado.

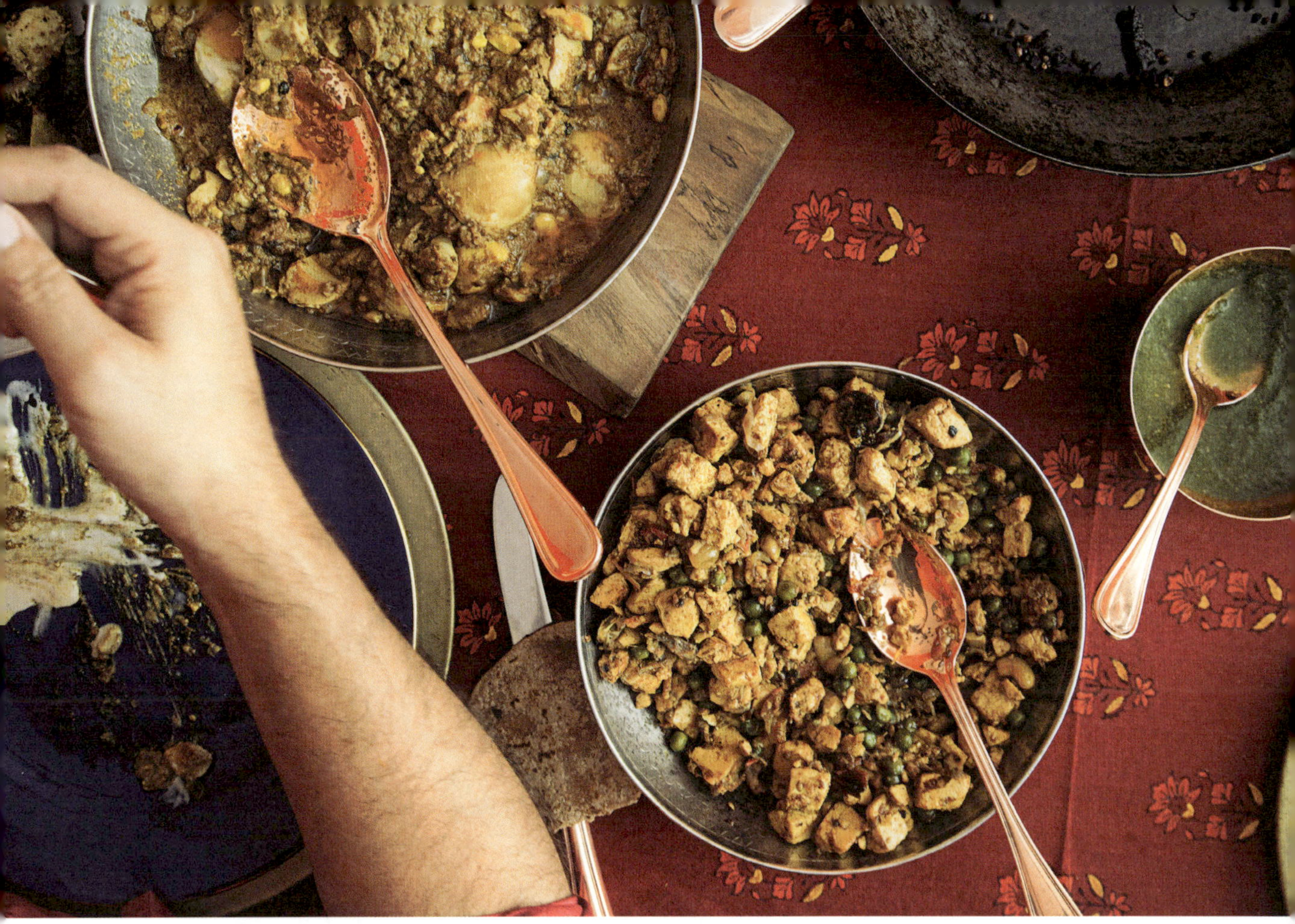

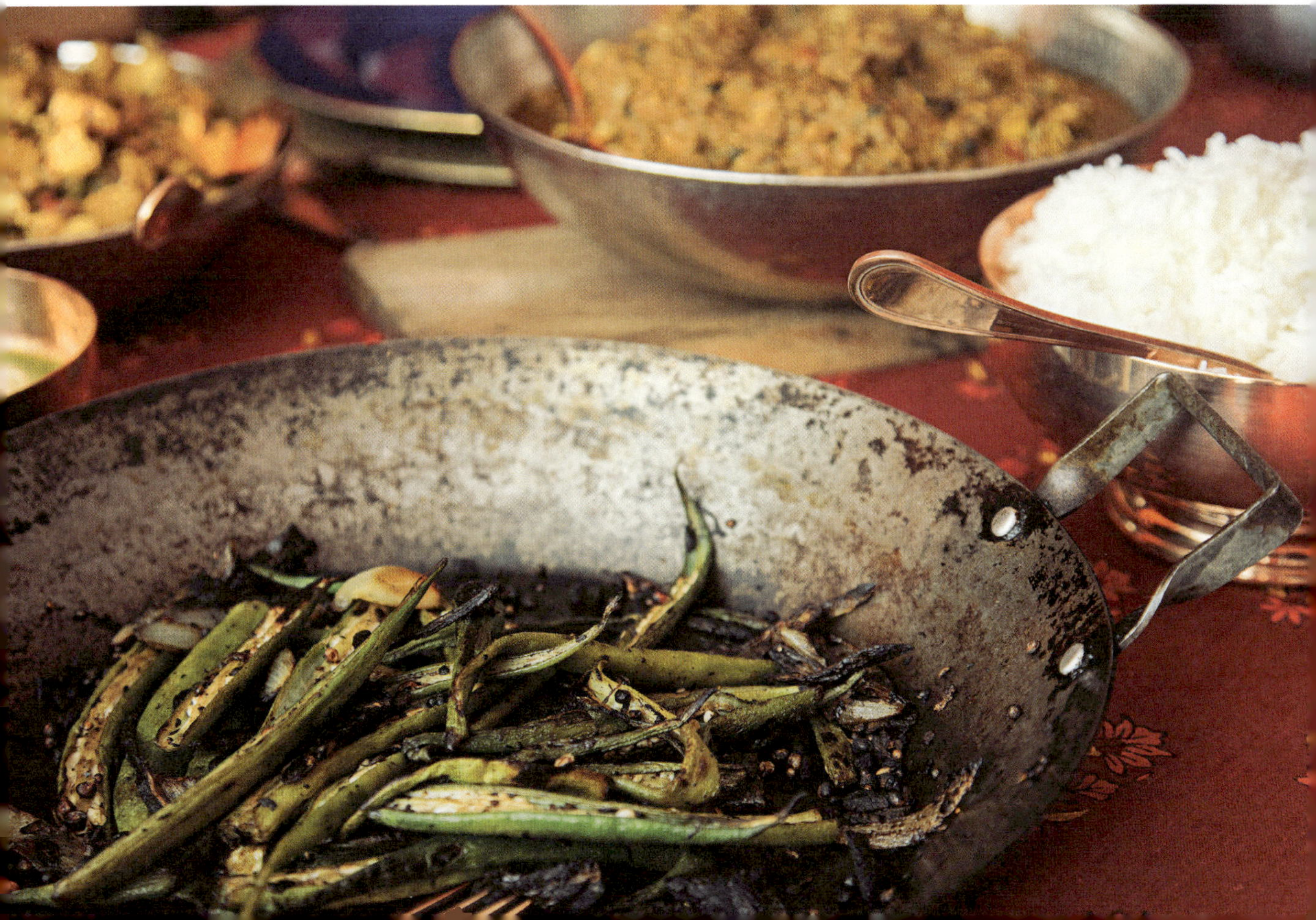

REFRIGERANTES

Um dos melhores livros de um autor indiano que já li foi *Um equilíbrio delicado*, de Rohinton Mistry. Eu, que achava que conhecia bem a cultura indiana — sobretudo a vida indiana —, quando li essa história fiquei encantado com as multicamadas que essa sociedade consegue (quando consegue) alinhavar...

Mas entre as coisas de que mais me lembro está a história da família de um personagem (Maneck Kohlah), famosa por fazer um refrigerante local que era muito popular: Kohlah Cola! Peça de ficção, claro. Mas a Índia nunca deixou de me encantar também nesse item tão mundano que é o refrigerante.

Na minha primeira visita ao país, ainda nos anos 80, dei início a uma curiosa "tradição de viajante": sempre que vou a um país que nunca visitei antes, trago um refrigerante de lá. E não pode ser vazio! É por isso que, na estante da minha cozinha, se vê há trinta anos uma garrafa de Thums Up — já com a cor meio desbotada, mas enfim...

Paneer Soda, MangoSip, Grappo Fizz, Ganga Sagar — por toda a Índia espalham-se essas garrafinhas com nomes que parecem tirados do *Mahabharata* e com sabores impensáveis até para os mais intrépidos paladares.

Mas, de todos eles, meu favorito é Banta Lemon Soda — nem tanto pelo gosto, mas mais por sua curiosa embalagem. Sua garrafa é dividida em duas partes: a de baixo traz o líquido para beber, e a de cima vem com ar e... uma bolinha de gude! Quando o líquido gaseificado entra, a bola "lacra" a boca da garrafa. E para abrir é só empurrá-la para dentro.

Fiquei totalmente fascinado — e, mesmo já tendo alguns exemplares da Índia na minha coleção, não resisti e trouxe mais esse.

लमन
रु० 10/=
स्पै० नींबू मसालें वाली
लेमन
रु० 15/= गिलास
कृप्या पैसे पहले दें!

AIRCEL
LICENCED
REFRIGERATED WATER TROLLY
मशीन का ठंडा पानी
2 रु. प्राते गिलास
CITY ZONE
/15
JAI AMBAY
T.N. /15
C.T.Z.

INGREDIENTES BÁSICOS

LENTILHAS
Na Índia existe uma variedade enorme de lentilhas — com muitas opções de cores. Para as receitas deste livro, utilize a lentilha que encontrar com mais facilidade. O tempo de cozimento pode ser reduzido deixando de molho na noite anterior e utilizando uma panela de pressão, mas leve em conta que, quanto mais tempo cozinhar, mais os temperos serão incorporados.

ARROZ BASMATI
Este é um arroz de grão mais longo e um leve aroma defumado. Serve como acompanhamento da maioria dos pratos e geralmente não leva sal, para permitir o equilíbrio das receitas.

ALHO E CEBOLA
Assim como na cozinha brasileira, são dois temperos básicos para a comida indiana. O alho geralmente é ralado e adicionado junto ao gengibre e outras especiarias que compõem grande parte dos molhos. A dica de Tuli para a cebola é deixar que cozinhe até ficar bem macia e translúcida: assim é possível garantir mais leveza ao prato.

TOMATE
Fruto também bastante utilizado como base de diversos pratos, o tomate funciona quase como um tempero e ajuda a dar consistência aos molhos.

GARAM MASALA
Não existe receita de garam masala "certa": cada família possui a sua, que é um segredo guardado a sete chaves. Para aqueles que não tiveram a sorte de herdar a mistura de temperos de família, é possível comprar versões prontas, específicas para o prato que vai ser preparado, como grão-de-bico ou ricota, por exemplo.

GENGIBRE
Facilmente encontrada em mercados e feiras, a raiz pode apresentar um desafio na hora de descascar. A solução é simples: utilize uma colher de chá para remover a casca sem machucar as mãos. Para as receitas, é possível picar em pedaços pequenos ou, até mais fácil, ralar em um ralador bem fino.

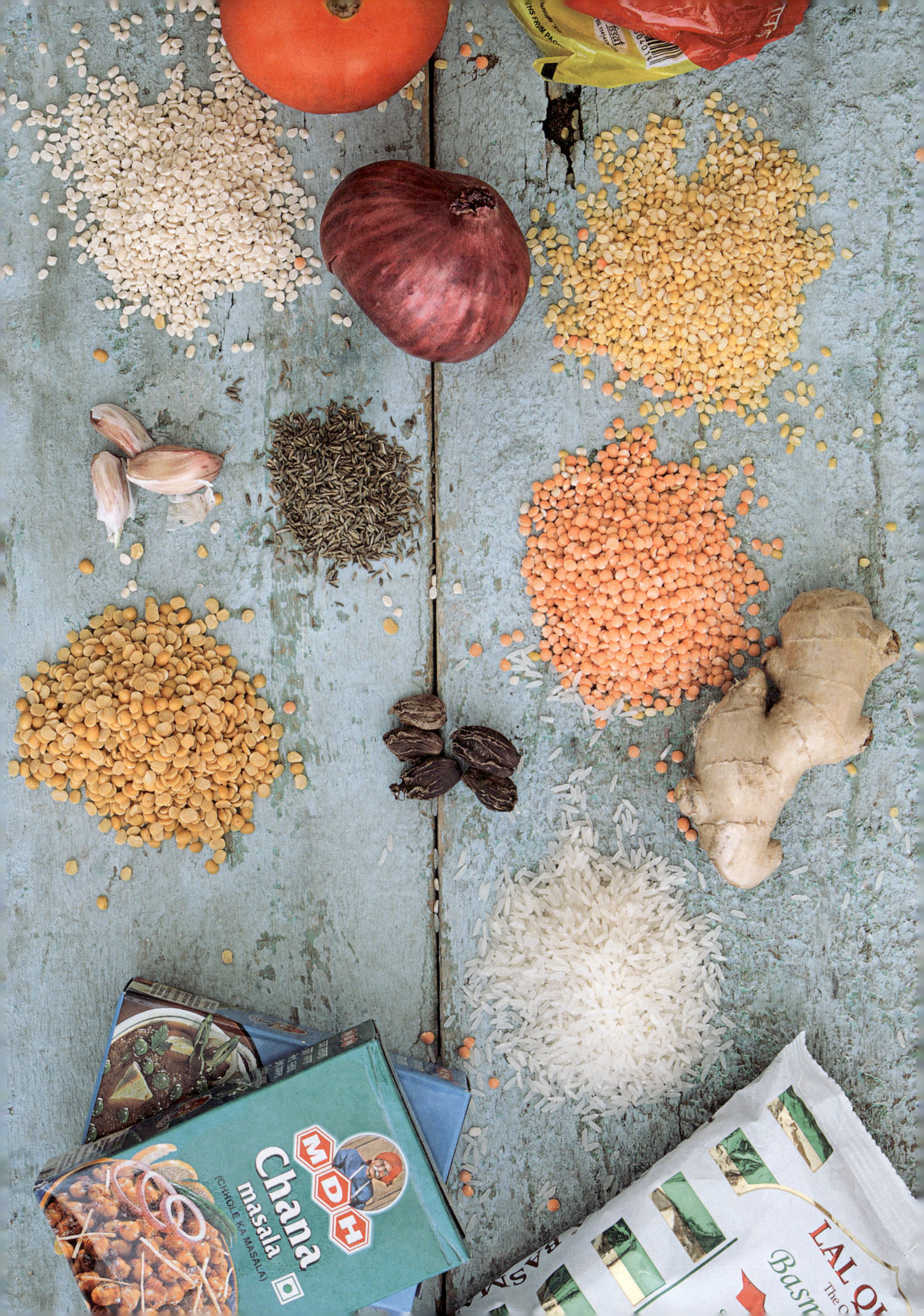
MDH
Chana
masala
(CHHOLE KA MASALA)

FAZENDA DE TEMPEROS

O convite era irresistível, ainda que soasse como uma arapuca para turistas: "Venha visitar nossa fazenda de temperos!". Taí uma coisa que eu ainda não havia feito em Goa.

Muita coisa mudou nos trinta anos que separam minhas duas visitas a essa parte da Índia, que tem tanto a ver com nossa herança de Portugal. Quando estive lá nos anos 80, por exemplo, boa parte das pessoas ainda falava português. Hoje, alguém fluente na língua é uma ave rara.

Mas as diferenças vieram não só da evolução da própria cultura indiana — os portugueses saíram de lá no início dos anos 60 —, mas também do inevitável fluxo dos visitantes que passaram (e ainda passam) por lá.

Não sou de lamentar essas transformações — pelo contrário. Estou sempre pronto a abraçá-las. E foi assim que comprei um pacote para passar uma manhã — com direito a almoço! — na fazenda de temperos Sahakari.

A visita em si não é mais que um passeio por um pequeno jardim botânico — com algumas "atrações" bem banais para quem, como eu, passou parte da sua infância no mato. Mas, antes que eu caia na tentação do relativismo cultural, devo dizer que meus companheiros de grupo eram indianos — uma família de classe média que ficava maravilhada ao descobrir de onde vêm os abacaxis.

Eu mesmo me interessei em especial por um pé de cardamomo. Jamais podia imaginar que meu tempero favorito no mundo nascia rastejando no chão.

No final do trajeto, a lojinha de temperos fez minha alegria — e o garam masala e as folhas de kaffir que comprei lá são usadas com economia de tempo de guerra na cozinha lá de casa.

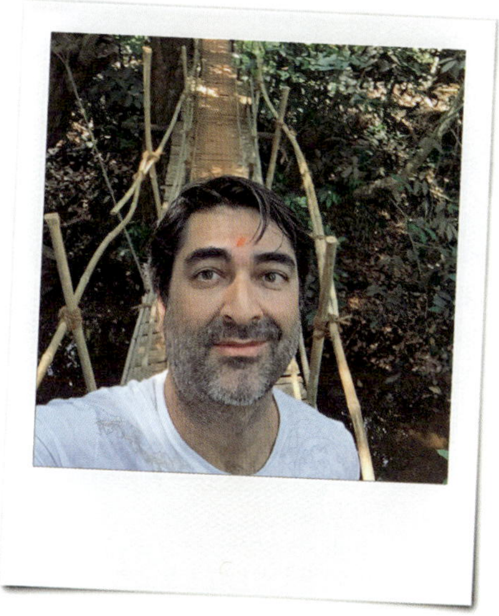

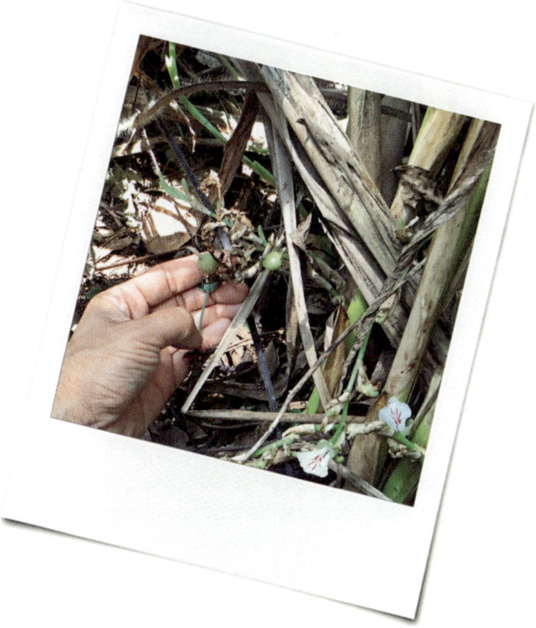

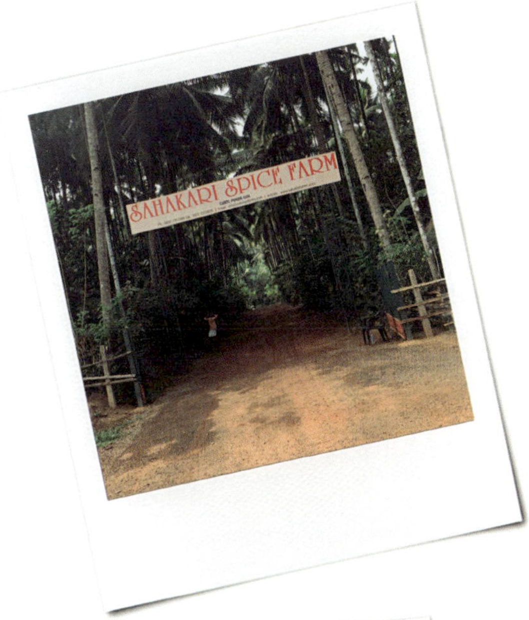
SAHAKARI SPICE FARM

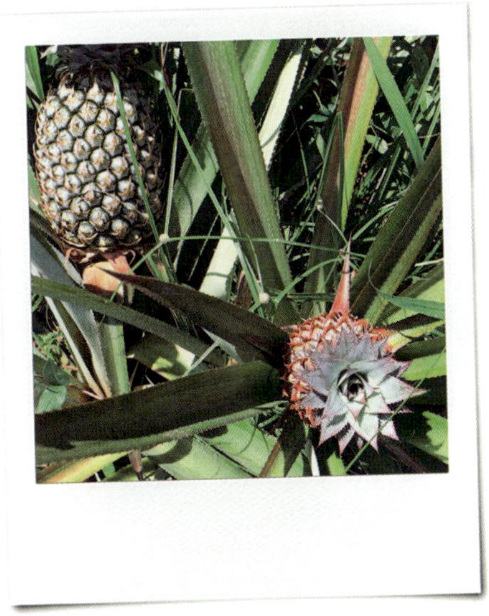

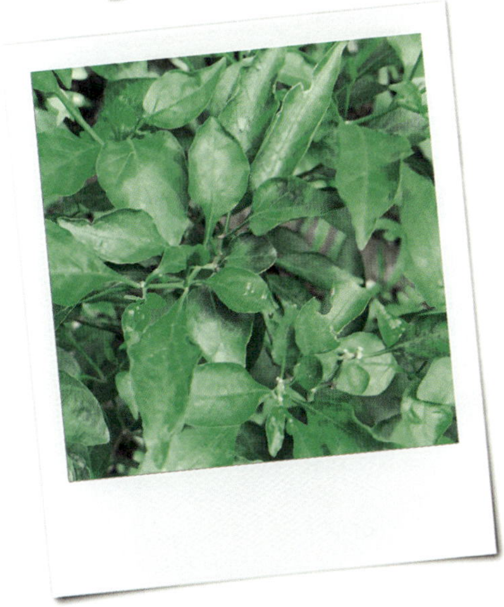

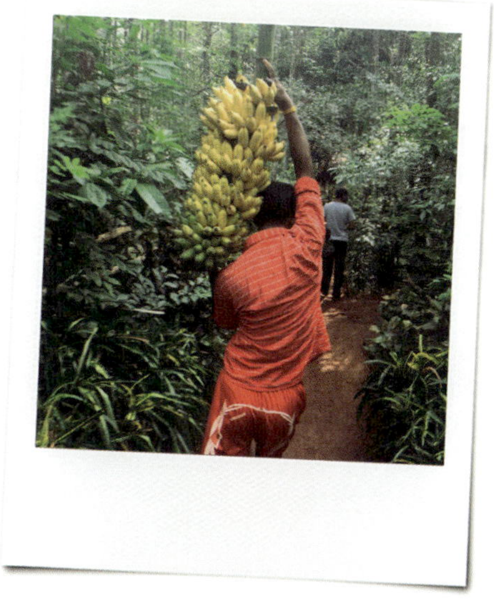

TEMPEROS

CRAVO
No Brasil, geralmente o encaramos como especiaria que combina com doces, mas na culinária indiana o cravo faz parte do misto de temperos que é adicionado a quase todos os preparos salgados. Para quem quer praticidade na cozinha, vale procurar a versão já moída, que, embora menos fresca e saborosa, economiza tempo. Outra alternativa é comprar um moedor de café elétrico que também possa ser utilizado para especiarias.

CÚRCUMA
In natura, se parece com o gengibre. Conhecida também como açafrão-da-terra, a cúrcuma é um ingrediente essencial da culinária indiana. Além de trazer cor a muitos pratos, também é famosa por suas propriedades de cura — Tuli conta que, quando ele era criança, passava uma pasta de cúrcuma na maioria de seus machucados.

COMINHO
Utilizado em diversas culinárias ao redor do mundo, é facilmente encontrado em feiras ao redor do Brasil. Procure pelo cominho inteiro, em vez de moído, para obter mais sabor do tempero. É fácil de fazer a moagem em um pilão de especiarias — se for torrado antes de moer, dá aroma e sabor fantásticos a raitas.

PIMENTA VERMELHA TIPO KASHMIRI
A pimenta kashmiri tem uma cor forte vermelha e é tão picante quanto parece. Se não estiver acostumado com comidas apimentadas ou não encontrar a kashmiri (é difícil, fora da Índia), utilize pimenta calabresa moída e vá experimentando quantidades até encontrar o ponto certo para você.

SEMENTES DE COENTRO
Além das folhas da planta, que dividem opiniões, as sementes do coentro também são um tempero capaz de dar um sabor diferente para diversos pratos. Na maioria das receitas do livro, é preciso moer e tostar o tempero, o que garante o máximo de sabor.

CARDAMOMO PRETO E VERDE
No Brasil, só encontramos o cardamomo verde e já bastante desidratado (sua casca fica mais bege do que verde). Extremamente aromático, pode ser utilizado para doces ou salgados. Também é possível comprar já moído. Para moer em casa, no pilão, é preciso descascá-lo.

A versão preta, que é encontrada na Índia, tem um sabor ainda mais característico, e as bagas são frequentemente utilizadas inteiras em cozidos, permitindo que seu sabor seja bem absorvido pelos molhos.

PIMENTA-DO-REINO
Um ingrediente mais universal que também faz parte do elemento picante das comidas indianas. Por ser mais comum nos pratos brasileiros, pode ser uma opção menos ousada para aqueles desacostumados com pratos picantes.

AÇAFRÃO
Os pistilos são famosos por serem caros — e existem muitas versões que tentam imitar seu sabor. Essenciais em pratos como malai kofta ou para dar cor ao arroz, podem ser usados também no lassi.

KALA NAMAK
O sal himalaico tem ganhado espaço nas prateleiras no Brasil, mas em sua forma mais refinada sempre fez parte da culinária típica indiana. Experimente salpicar um pouco desse ingrediente sobre as pakodas ou o chole punjabi.

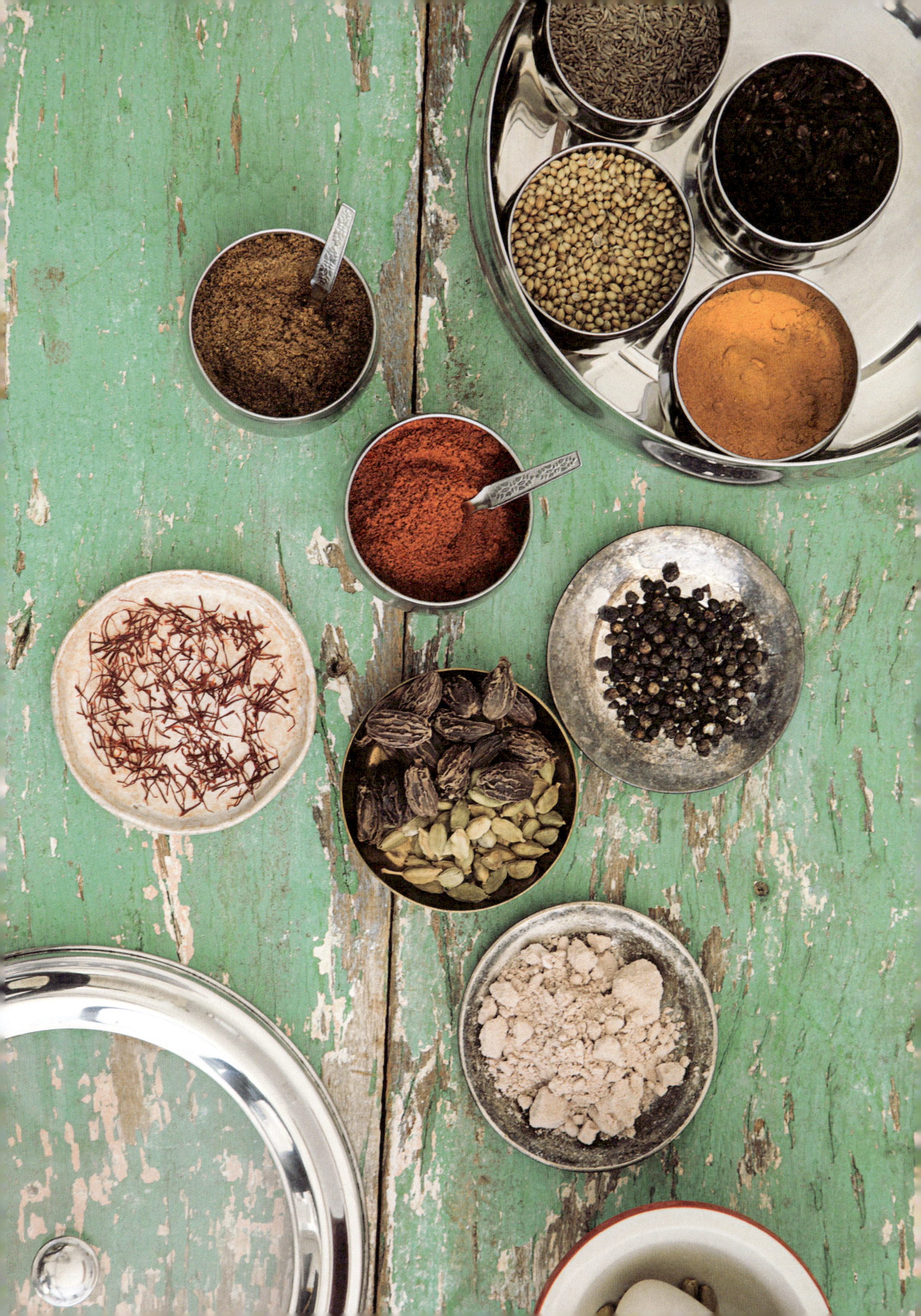

MOLHOS E OUTROS PRODUTOS PARA COMPRAR

AAM ACHAR
Picles de manga típico da Índia. Hoje em dia, quase sempre se compra industrializado.

PASTA DE TAMARINDO
Utilizada em raitas (adicionando ao iogurte) ou como tempero para certos chutneys. É muito mais fácil comprar pronta do que preparar em casa.

CHUTNEY DE MANGA
Chutneys são molhos agridoces, geralmente feitos à base de fruta. O de manga é um clássico na culinária indiana — e hoje em dia é mais comum comprá-lo pronto do que ficar horas cozinhando até atingir o ponto certo.

SEMENTES SECAS DE ROMÃ
Sementes de romã são um jeito chique de dar um toque final de crocância aos pratos.

GHEE (MANTEIGA CLARIFICADA)
O ghee é a parte oleosa da manteiga quando separada dos componentes sólidos e cremosos. Pode ser obtido em um processo simples de cozimento e é utilizado em inúmeras receitas para adicionar sabor, refogar ou substituir o óleo vegetal.

1 xícara (chá) rasa/ 200 g de manteiga

Em uma panela em fogo baixo, derreta a manteiga. Cozinhe até que a manteiga borbulhe, comece a pegar cor e se possa observar a divisão entre líquido e sólidos. Deixe esfriar por alguns minutos e separe o óleo da parte sólida retirando com uma escumadeira ou passando por um coador bem fino. Descarte os sólidos e reserve o óleo.

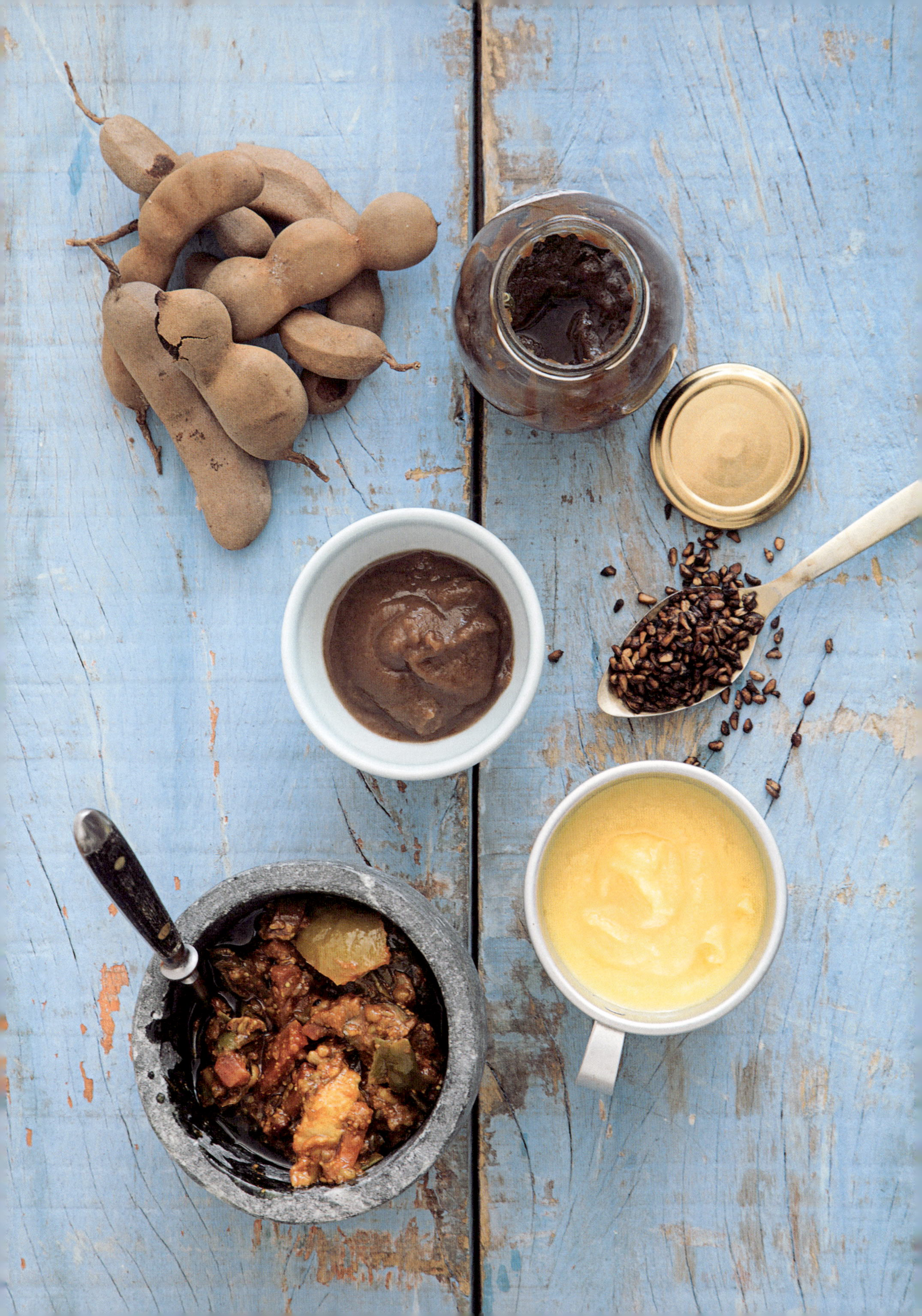

CHÁS E MAIS

CHÁ ASSAM
Assam é a região da Índia que produz as folhas deste chá, daí o nome. Apesar das diferentes variedades, as mais comuns são folhas de chá preto, que podem ser encontradas em formato de bolinhas bem pequenas ou como folhas secas e torcidas.

MUKHWAS
Um digestivo geralmente industrializado, quase sempre contém sementes de anis, entre outros temperos como pétalas de rosas, bolinhas de açúcar e até pedaços de prata ou ouro. Ao mascar, a combinação de temperos adocicados limpa o paladar de forma semelhante ao paan.

CARDAMOMO
Para chás, o cardamomo é um ingrediente quase que obrigatório — não pode faltar no tradicional chai.

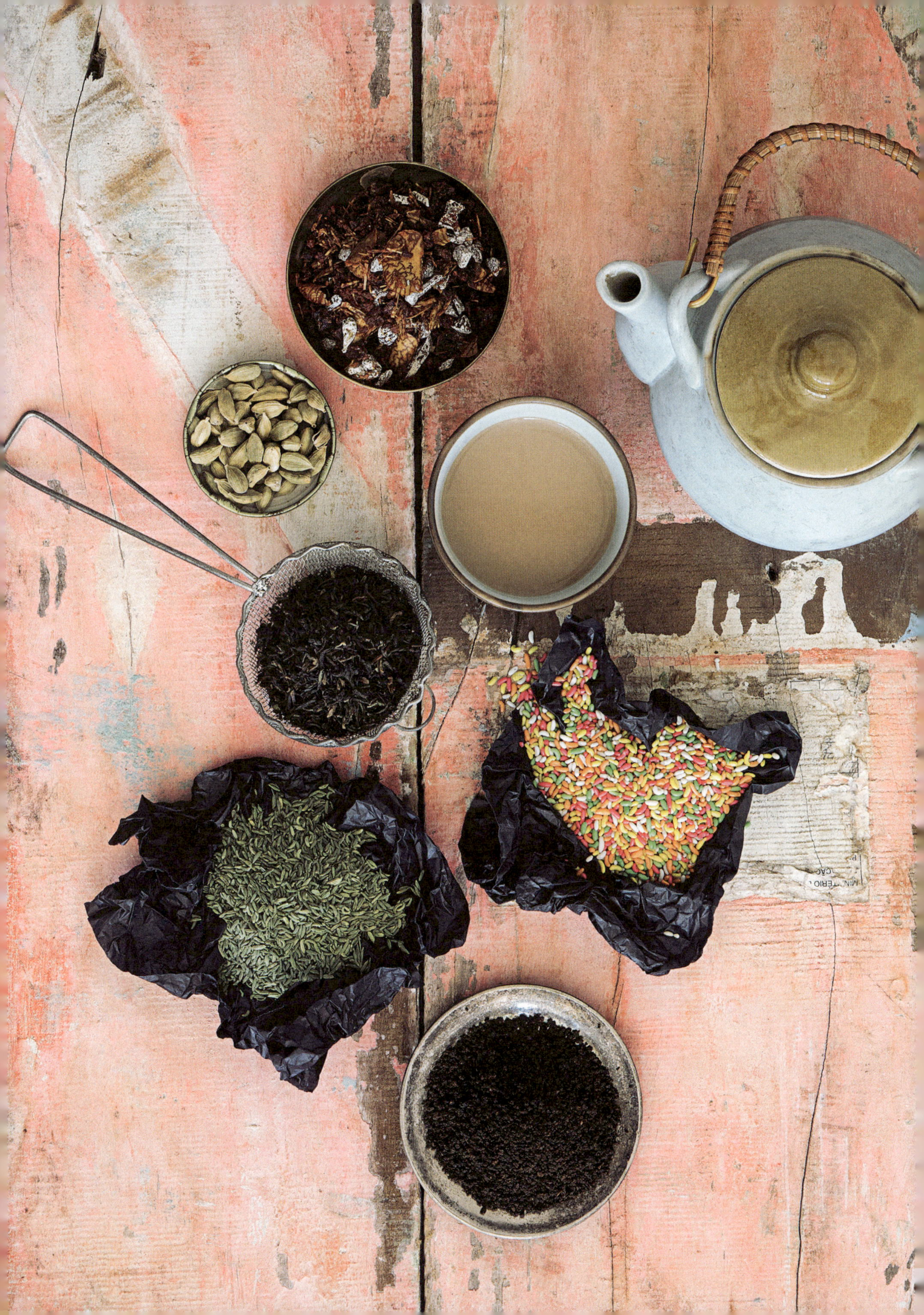

UTENSÍLIOS

PANELA PARA PÃES. TAWA
Um tipo de frigideira bem fina e quase sem bordas, é utilizada para preparar pães rapidamente. Mas não se limite: uma frigideira antiaderente pequena (dessas baratas encontradas em supermercados e feiras) desempenha bem a função.

MASALA DABBA
Conjunto para guardar os temperos usados para compor o masala de cada casa, é um apetrecho típico indiano, mas pode ser facilmente substituído por diferentes potinhos, como os que acompanham muitos temperos hoje em dia.

CONJUNTO PARA ABRIR PÃES. CHAKKLA BELNA
Para as cozinheiras experientes indianas, bastam algumas passadas para que os pães roti, poori e naan adquiram o formato da pequena tábua utilizada para abri-los. Na ausência de um utensílio típico como esse, é só utilizar uma superfície plana — vale a bancada limpa da cozinha — e um rolo de massa.

PANELA DE PRESSÃO
Também típica no Brasil, a versão indiana tende a ser um pouco menor. Muito utilizada para grão-de-bico (p. 29) e lentilha (p. 25). No livro, também usamos para a mandioca (p. 77) e a banana-da--terra (p. 107).

IOGURTEIRA
Fazer iogurte em casa é comum para a maioria dos indianos, além de queijos como paneer. O processo é fácil — é só seguir as receitas caseiras de cozinhar o leite e acrescentar um pouco de iogurte pronto. Frequentemente se utilizam potes de cerâmica, que ajudam a estabilizar a temperatura durante o processo.

PILÃO PARA TEMPEROS
Para temperos mais frescos e saborosos, o ideal é sempre comprá-los inteiros e moê-los na hora de usar. Para isso, o pilão de temperos é essencial.

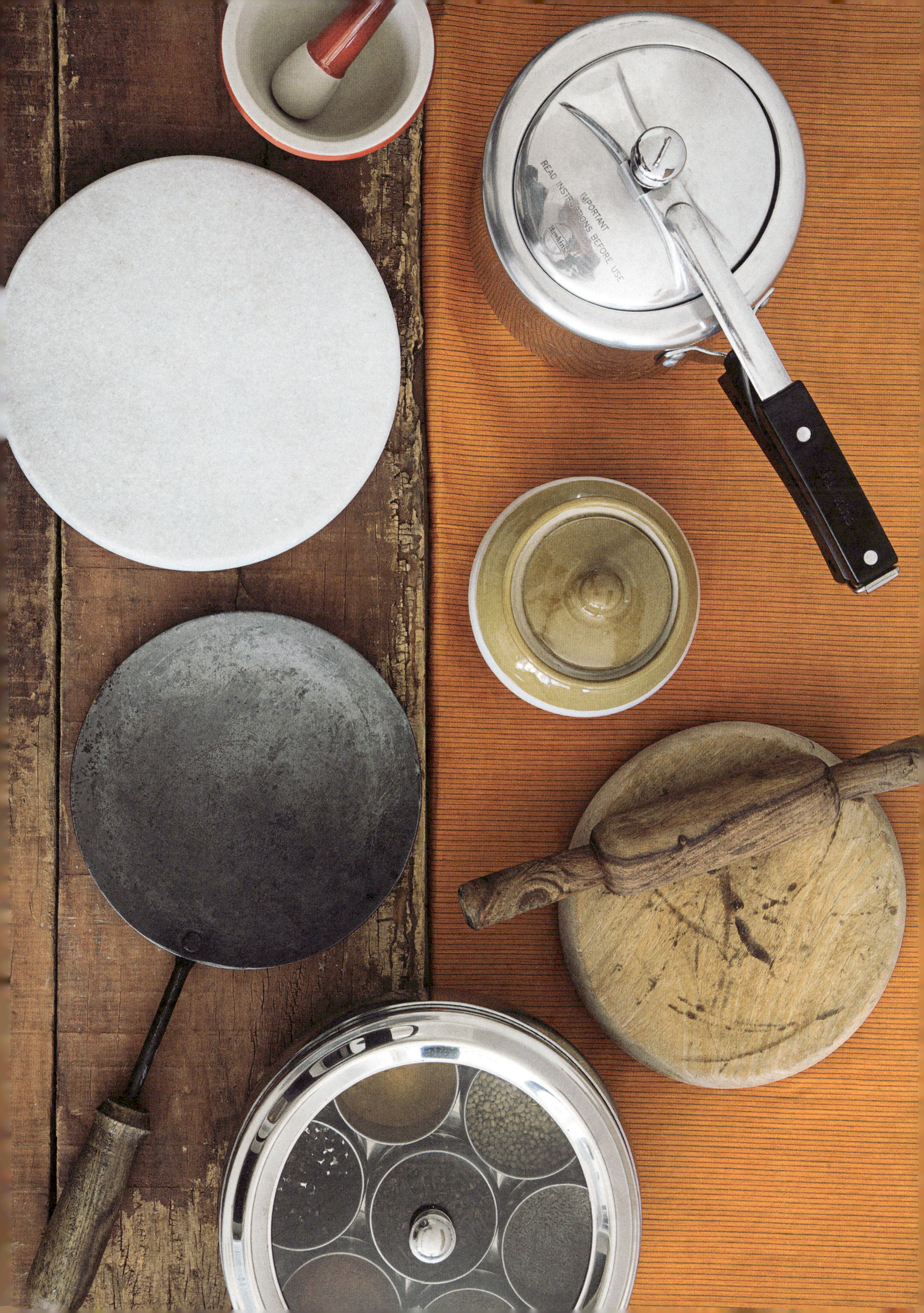
IMPORTANT
READ INSTRUCTIONS BEFORE USE

SAUDADES

Trazer algum suvenir de uma viagem é sempre uma tentativa de fazer com que algo do que experimentamos daquela cultura diferente permaneça mais tempo conosco. Na Índia, preencho esse desejo de duas maneiras, com dois tipos de lembranças que são bastante sensoriais. Ah! E que não ocupam muito espaço na mala... Primeiro, os panos e tecidos. Uma das minhas primeiras lembranças da Índia é sentar em uma daquelas lojas do Palika Bazaar, logo no primeiro dia, depois de um longo voo, e deixar o jet lag desvanecer aos poucos, a cada seda bordada que os comerciantes abriam sobre o meu colo.

O toque, as cores, o próprio bordado — cada detalhe faz desses trabalhos uma peça única. E até hoje não há hipótese de eu voltar de lá sem trazer pelo menos uma nova pashmina — ou até uma peça inteira de tecido que eu nem sei direito para que vou usar.

O outro item que trago sempre? Bem, temperos e mais temperos — muitas vezes o suficiente para cobrir um longo período sem visitar aquele país. Desde a primeira viagem, agreguei esses sabores indianos ao meu paladar — e simplesmente não consigo mais viver sem eles.

Sou um apaixonado por essa culinária — ainda que um amador na arte de reproduzir as delícias tal e qual eu as experimento por lá. Mesmo assim a gente tenta. Os ingredientes, como aprendi observando sempre — desde as madrugadas com a mãe do Tuli até as longas horas de calor nas ruas da Velha Delhi —, são o ponto de partida para esses pratos maravilhosos.

Mas há outras coisas, nem sempre palatáveis, que se somam à experiência de saboreá-los. Como as lembranças de ter passado um dia por lá. Ou as histórias de família que se acumulam há séculos numa mesma cozinha. Ou ainda, para quem nem pisou naquela terra, os sonhos de sabores e aromas que este ajuda a inspirar. Este não é nem um livro de cozinha nem de viagem. É um livro de descobertas, de mil caminhos que a gente pode seguir pelas portas que estão sempre nos esperando — abertas e coloridas — nesse universo de sensações que é a Índia. Para onde ainda vamos voltar...

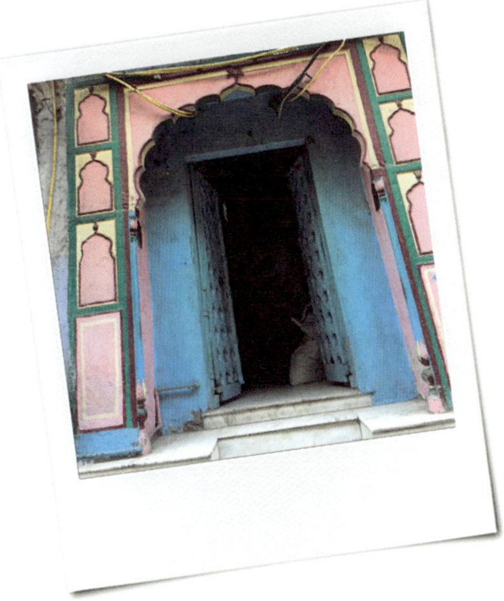

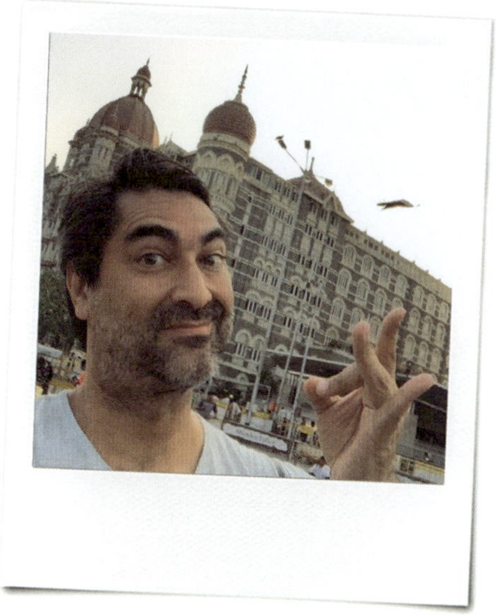

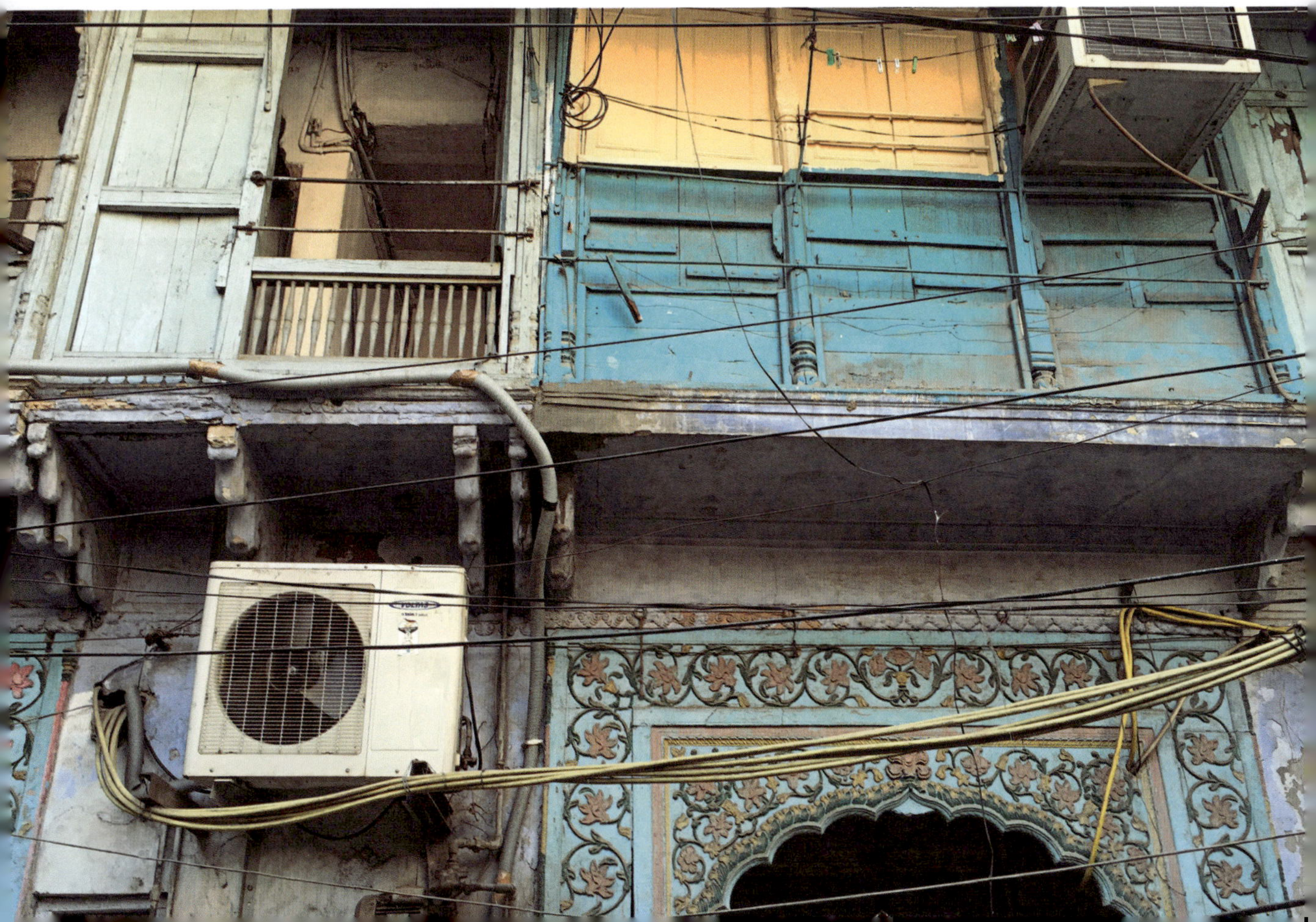

CRÉDITOS DAS IMAGENS

Bruno Geraldi: pp. 5, 13, 18, 22, 24, 26, 27, 30, 36, 39, 42, 45, 52, 54, 60, 65, 70, 72, 74, 76, 78, 82, 88, 89, 91 (abaixo), 92, 94, 100, 102, 106, 111 (à direita), 112, 115 (acima e à esquerda), 116, 122-3, 125, 126, 129, 133, 137, 139, 141, 143, 147 e 151.

Shutterstock: pp. 6-11, 17, 21, 41 (abaixo), 47 (abaixo), 51 (abaixo), 56 (à esquerda), 57 (abaixo), 64 (abaixo), 69, 87, 105 (abaixo), 111 (à esquerda), 115 (acima e à direita, abaixo) e 131 (abaixo).

Zeca Camargo: pp. 14, 15, 20, 34, 35, 40, 41 (acima), 46, 47 (acima), 50, 51 (acima), 56 (à direita), 57 (acima), 62, 63 (acima), 68, 80, 81, 86, 90, 91 (acima), 104, 105 (acima), 110, 114, 118, 119, 130, 131 (acima), 134, 135, 144 e 145.

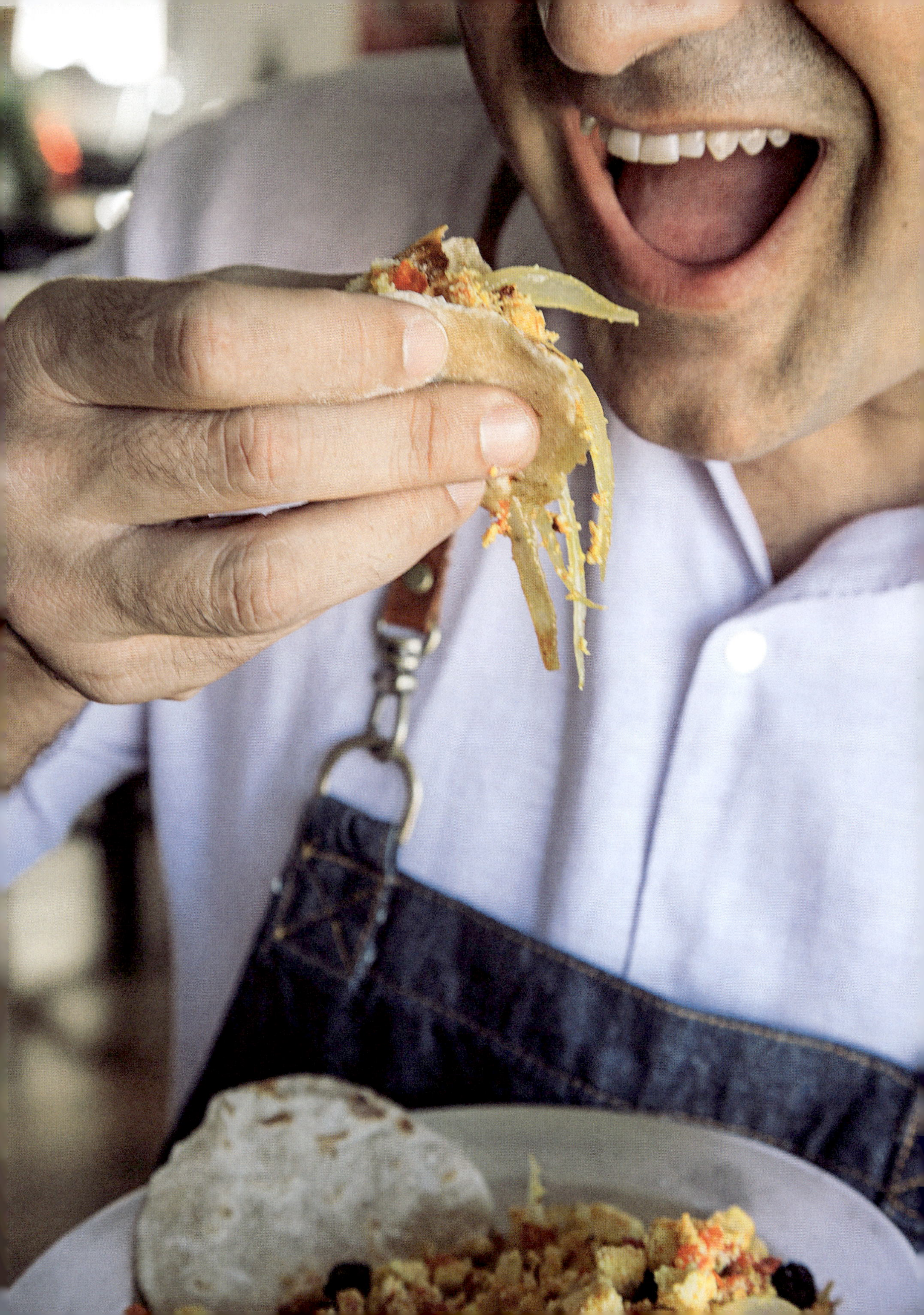

ÍNDICE REMISSIVO

aam achar (picles de manga), 55, 93, 95, 138
açafrão, 136
ajwain (tempero), 55
Aloo baingan (Berinjela com batata), 127; receita, 53
Aloo pakoda (Pakodas de batata), 95; receita, 43
Aloo sabzi (Curry de batata), 124; receita, 55
Anda pakoda (Pakoda de ovos), 44
Anda paratha (Paratha de ovos batidos), 95
Andaa bhurjee (Ovos mexidos com especiarias), 124; receita, 61
Andaa masala (Ovos cozidos em creme de leite), 65
Arbi muglai (Colocásia muglai), 128; receita, 77
Arroz basmati, 19, 25, 29, 53, 65, 71, 73, 75, 77, 107, 124, 127-8, 132; receita, 31
arroz jasmim, 31

Baingan pakoda (Pakoda de berinjela), 44
banana-da-terra, 107, 127
Banta Lemon Soda, 130
batata, 53, 55, 127
Bebida de iogurte batido, 113
berinjela, 53, 75, 124, 127-8
Berinjela com batata, 127; receita, 53
Berinjela recheada, 124, 128; receita, 75
Bharvan baingan (Berinjela recheada), 124, 128; 75
Bharvan karela (Nigauri recheado), 127; receita, 73
Bharvni bhindi (Quiabo recheado), 128; receita, 83
Bhindi pyaaz (Quiabo refogado com cebola), 127; receita, 79
biscoitos de gergelim, 118
brócolis, 45, 127

caju, 110, 114
Calcutá, 68
cardamomo, 20, 111, 114, 134, 140; preto e verde, 136
chá Assam, 140
Chá com especiarias, 43, 95, 124, 140; receita, 117

Chai (Chá com especiarias), 43, 95, 124, 140; receita, 117
Chole punjabi (Grão-de-bico à moda punjabi), 128, 136; receita, 29
Chutney de hortelã e coentro, 25, 27, 29, 73, 77, 79, 95, 124, 127; receita, 101
chutney de manga, 19, 23, 25, 27, 29, 53, 61, 71, 73, 75, 77, 83, 95, 107, 138
coentro, sementes de, 136
colocásia, 77, 128
Colocásia muglai, 128; receita, 77
cominho, 136
couve-flor, 45, 127
cravo, 136
creme de leite, 37, 65, 128
Croquetes de ricota em creme de leite, 128; receita, 37-8
cúrcuma, 20, 136
curry, 56
Curry de batata, 124; receita, 55

daal, 16, 25, 27, 124, 127-8
Daal (Sopa de lentilha), 23, 53, 71, 73, 79, 83, 124; preto, 95; receita, 25
Delhi, 20, 40, 50, 62, 68, 90, 114, 144
Dev, Nanak, 50

Equilíbrio delicado, Um (Rohinton Mistry), 130
especiarias, 61, 117
espinafre, 19, 44, 127-8
Espinafre com ricota, 127-8; receita, 19

feni (bebida de caju), 110

Ganges, rio, 34, 40, 46, 68, 118
garam masala, 132, 134
gengibre, 132
gergelim, 118
ghee (manteiga clarificada), 50, 56, 138
Goa, 80, 104, 110, 134
Gobi pakoda (Pakoda de couve-flor), 45
Gobi paratha (Paratha de couve-flor), 96
grão-de-bico, 29, 43, 128, 132, 142
Grão-de-bico à moda punjabi, 128; receita, 29

Haridwar, 34, 40, 68
hing (tempero), 55
hortelã, 101, 124, 127

Imperial Hotel, 111
iogurte, 56, 103, 111, 113, 142
iogurte com pasta de tamarindo, 29
Iogurte com pepino ralado, 53, 55, 71, 73, 75, 93; receita, 103

jabuticaba, 114
jalebis, 35

kaffir, 134
kala namak (sal himalaico), 136
karela, 71, 73, 127,
Karim (kebab), 90
kebab, 16, 86, 90
Kela moqueca (Moqueca indiana de banana-da-terra), 127; receita, 107
Kheera raita (Iogurte com pepino ralado), 53, 55, 71, 73, 75, 93; receita, 103
Khumb pakoda (Pakoda de cogumelo), 44
Kurkura karela (Nigauri crocante), 127; receita, 71

Lassi (Bebida de iogurte batido), 95, 111, 136; receita, 113
lentilha, 25, 27, 124, 127-8, 132
Lentilha seca, 127-8; receita, 27

Malai kofta (Croquetes de ricota em creme de leite), 128; receita, 37-8
manga, 55, 68, 111, 138
maxixe, 71
Mistry, Rohinton, 130
Mooli paratha (Paratha de rabanete branco), 96
moqueca, 107, 127
Moqueca indiana de banana-da-terra, 127; receita, 107
mukhwas, 140
Mumbai, 68, 86
Muzaffarnagar, 40

naan, 19, 23, 25, 37, 65, 71, 73, 77, 79, 83, 128, 142; receita, 93
Namkeen paratha (Paratha de sal), 96
Nigauri crocante, 127; receita, 71
Nigauri recheado, 127; receita, 73

Ovos cozidos em creme de leite, 65
Ovos mexidos com especiarias, 124; receita, 61

paan, 119, 140
Pakoda, 35, 40, 127, 136; de batata, 43; de berinjela, 44; de cebola, 44; de cogumelo, 44; de couve-flor, 45; de espinafre, 44; de ovos, 44; de ricota, 43; receita, 43
Palak pakoda (Pakoda de espinafre), 44
Palak paneer (Espinafre com ricota), 127-8; receita, 19
Palika Bazaar, 144
Panaji, Goa, 80, 104
Paneer bhurjee (Ricota mexida), 128; receita, 23
Paneer pakoda (Pakoda de ricota), 43
Paneer paratha (Paratha de ricota), 97
pani puri, 46
Panjim, Goa, 110
paratha, 19, 23, 25, 37, 55, 65, 71, 73, 77, 79, 83; de batata, 95; de cebola, 97, 127; de couve-flor, 96; de ovos batidos, 95; de rabanete branco, 96; de ricota, 97, 127; de sal, 96; receita, 95
pasta de tamarindo, 138
picles de manga, 138
pimenta, 56, 62, 80; dedo-de-moça, 114; verde recheada, 80; vermelha tipo kashmiri, 136; pimenta-do-reino, 136
poori, 142
Portal da Índia, 86
pratos rápidos, 124
Pudina dhania chutney (Chutney de hortelã e coentro), 124, 127; receita, 101
Punjab, 29
Pyaaz pakoda (Pakoda de cebola), 44
Pyaaz paratha (Paratha de cebola), 97

quiabo, 79, 83, 127-8
Quiabo recheado, 128; receita, 83
Quiabo refogado com cebola, 127; receita, 79

refrigerante, 130
ricota, 19, 23, 37-8, 43, 97, 127-8
Ricota mexida, 128; receita, 23
Rishikesh, 34, 46, 118
roti, 19, 23, 25, 37, 55, 65, 73, 75, 77, 79, 83, 124, 127, 142; receita, 89

sal himalaico, 136

samosas, 34
sementes secas de romã, 138
Sahakari, fazenda de temperos, 134
snack bar, 80
sooji halwa, 50
Sopa de lentilha, 124; receita, 25
Suukhee daal (Lentilha seca), 127-8; receita, 27

Taj Hotel, 86

temperos, mercado de, 20
templo sikh, 50
Thums Up, 130
tikkis, 35

Vasco da Gama, Goa, 110
vegana, culinária, 25, 27, 29, 31, 43-5, 53, 55, 71, 73, 75, 79, 83, 89, 93, 101, 124, 127
vegetarianismo, 37, 50, 68, 107, 124

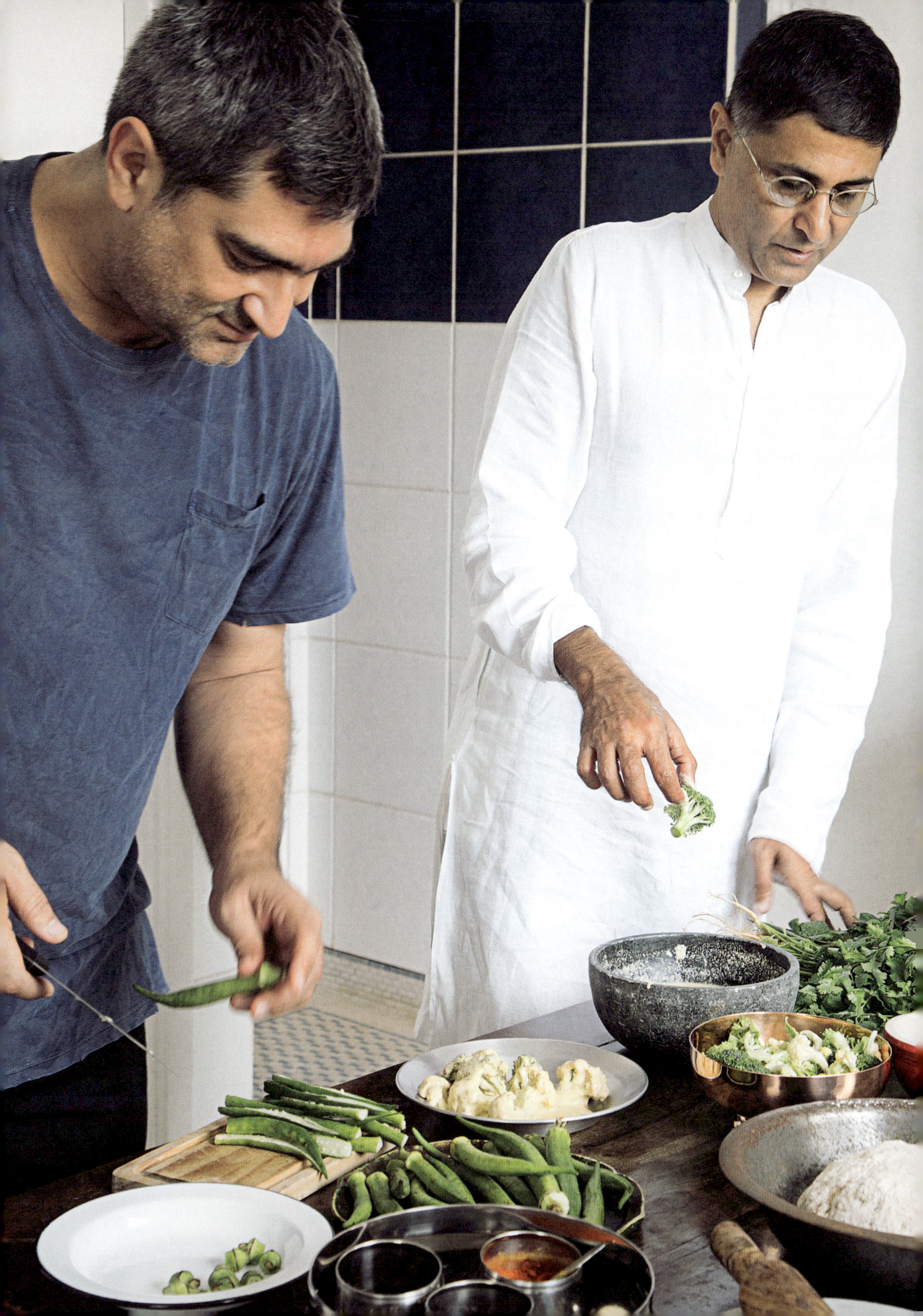

ESTA OBRA FOI COMPOSTA POR OSMANE GARCIA FILHO EM DIN
E IMPRESSA PELA GEOGRÁFICA EM OFSETE SOBRE PAPEL ALTA ALVURA DA
SUZANO PAPEL E CELULOSE PARA A EDITORA SCHWARCZ EM JULHO DE 2018

A marca FSC® é a garantia de que a madeira utilizada na fabricação do papel deste livro provém de florestas que foram gerenciadas de maneira ambientalmente correta, socialmente justa e economicamente viável, além de outras fontes de origem controlada.